TRUE OKR
真OKR

况阳 —— 著

机械工业出版社
China Machine Press

图书在版编目（CIP）数据

真 OKR / 况阳著 . —北京：机械工业出版社，2022.10
ISBN 978-7-111-71732-4

Ⅰ. ①真… Ⅱ. ①况… Ⅲ. ①企业管理 - 目标管理 Ⅳ. ① F272.71

中国版本图书馆 CIP 数据核字（2022）第 185328 号

真 OKR

出版发行：机械工业出版社（北京市西城区百万庄大街 22 号 邮政编码：100037）				
责任编辑：杨振英		责任校对：韩佳欣　王明欣		
印　　刷：涿州市京南印刷厂		版　次：2023 年 1 月第 1 版第 1 次印刷		
开　　本：170mm×240mm　1/16		印　张：16.5		
书　　号：ISBN 978-7-111-71732-4		定　价：79.00 元		

客服电话：（010）88361066　68326294

版权所有・侵权必究
封底无防伪标均为盗版

PREFACE ▶ 前 言
真 OKR 修炼之旅

从不承想，OKR 会成为我从业生涯中接触最多、伴随时间最久的人力资源理念、工具和方法。我还清晰地记得，2015 年在华为开展 OKR 时，放眼国内，几乎没有企业在应用 OKR。如今大家耳熟能详的、OKR 应用得非常好的优秀企业字节跳动，在那时还名不见经传。彼时，华为只得一边跨过千山万水直接向 OKR 的发祥地谷歌学习，一边自己摸着石头过河。《绩效使能：超越 OKR》一书的研究和实践，正源于那段艰苦的探索之旅。

三年之后，在 OKR 在华为开展得如火如荼之际，我离开了华为。此后，我先后加入了阿里巴巴和腾讯。在我到阿里巴巴时，OKR 依然只是国内少数企业才使用的目标管理工具。如果从人数上看，在 2018 年年初我离开华为时，华为内部有约 2 万人在应用 OKR。国内其他企业应用 OKR 的人数加起来，估计也不会超过华为的这一数字。然而很快，在随后不到三年的时间里，OKR 迅速走进了百度、阿里巴巴、腾讯、京东、小米、美团、快手等互联网头部企业。伴随着 OKR 在这些领先企业的开展，OKR 迅速地在国内遍地开花。如今，如果哪家企业还没有开展OKR或者准备开展OKR，一定会被嘲笑跟不上这个时代。

还记得，2015年10月华为开展OKR之初，我查遍全网，唯一能查阅到的OKR图书只有克里斯蒂娜·沃特克（Christina Wodtke）的 *Radical Focus：Achieving Your Most Important Goals with Objectives and Key Results*（《OKR工作法：谷歌、领英等公司的高绩效秘籍》）。这本书出版于2015年2月，当时还没有中译本。中译本的出版，是2017年下半年的事了。不过，这种情况随后快速出现了变化。2016年9月，保罗·R.尼文（Paul R.Niven）和本·拉莫尔特（Ben Lamorte）出版了 *Objectives and Key Results：Driving Focus,Alignment,and Engagement with OKRs* 一书。这是全球首本从实操层面介绍如何开展OKR的书。机械工业出版社的编辑在取得该书的中文版版权后，希望联系一位真正在企业中开展OKR的专业人士来翻译此书。我似乎是当时的最佳人选。那时，我在华为开展OKR已经一年了。对方联系上了我，我也很爽快地答应了。我当时特别希望能为OKR在其他企业的推行贡献一点自己的力量。于是，在繁忙的华为工作之余，紧张的翻译工作就此拉开序幕。历时近10个月之后，此书终于在2017年8月和中国读者见面，中文版书名为《OKR：源于英特尔和谷歌的目标管理利器》。这是国内首本从实操层面介绍OKR的中文译著，改变了中文界没有OKR图书的现状，广受中国读者的青睐。对中国OKR教练来说，它几乎是案头必备。此书也因其黄色封面而被OKR教练昵称为"OKR小黄书"。

《OKR：源于英特尔和谷歌的目标管理利器》是拉莫尔特在美国的OKR经验总结。如何将硅谷的企业实践和中国的企业实际相结合，是我一直在思考的事。OKR在国内企业的开展并不容易。OKR在华为开展的坎坷之旅，促使我想写一本本土OKR专著。我希望能借此帮助中国其他企业管理者更好地理解OKR的底层理念，尤其是OKR和绩效考核之间究竟是什么关系，OKR和KPI又是什么关系等诸多问题。基于这样的考虑，我把我在华为期间开展OKR的经验以及相关研究，凝集在了《绩效使能：超越OKR》一书中。

该书在 2019 年 3 月出版。可以说，它推出的时机刚刚好。这本书最大的贡献，就是把 OKR 从国外实践转变成了本土实践，并帮助中国企业高层理解了 OKR 的本质和底层假设，帮助他们建立起了 OKR 的理念自信。OKR 的推行是一把手工程，而一把手通常又是理念驱动型的，只有他们在理念上真正认同了 OKR，OKR 在企业的推行才会水到渠成。《绩效使能：超越 OKR》达成了这一目的。

原本，对我而言，伴随着《绩效使能：超越 OKR》的出版，我的 OKR 使命就完成了。所以在 2018 年离开华为时，我并没有打算把 OKR 作为我此后的工作领域。事实上，此后两年在阿里巴巴工作期间，我的主要工作是负责阿里巴巴一个事业群的 OD（组织发展）和 OC（企业文化）。然而，阿里巴巴内部总会不时地有人找到我，表示希望我帮助他们赋能管理者理解 OKR 和在团队中开展 OKR。我先后在我所在的事业群、钉钉事业部、创新事业群、蚂蚁金服等开展了广泛的 OKR 培训和交流。OKR 在阿里巴巴内部就像星星之火一样，不断地燎原。在各业务团队自发做了大量的尝试之后，阿里巴巴正式决定在 2020 年下半年将 OKR 推广到全集团。

腾讯也大抵如此。自 2017 年起，腾讯各个事业群在零星地开展 OKR。2020 年，我刚到腾讯，就做了一场以"真假 OKR"为主题的交流。此后，我继续在多个事业群辅导部门深度开展 OKR 共创及 OKR 复盘，并开发出了系列内部课程。伴随着腾讯最新 OKR IT 系统的上线应用，腾讯终于在 2021 年年初将 OKR 正式推广到全集团。

在准备动手写作本书之际，我试图统计一下当前关于 OKR 的书有多少种。结果让我大吃一惊。截至 2021 年 12 月，全球共出版了近 60 种与 OKR 相关的图书，出版语言包括中文、英文、德文、西班牙文、葡萄牙文。可以看到，OKR 如今已遍及全球，在世界各地受到了同等程度的欢迎，俨然已成为全球性的目标管理方法。其中，中美是全球开展 OKR 的绝对主阵地，以英文出版的 OKR 图书共 27 种，以中文出版的共 21 种，中英平分秋色，不分伯仲。虽然我一直在企业内部辅导各团队开展 OKR，但为了帮助读者更全面地理解如何在企业中开展OKR，我逐一拜读了这些图书。同样让我惊喜的是，这些书中不乏好书，它们各自闪耀着光芒，映射了作者的OKR辅导经验和OKR主张。我尤其推荐下面几本。

- 美国本·拉莫尔特的《OKR教练实战手册》(*The OKRs Field Book*：*A Step-by-Step Guide for Objectives and Key Results Coaches*)。这是拉莫尔特继《OKR：源于英特尔和谷歌的目标管理利器》之后的又一力作，侧重辅导OKR教练如何在企业内部推行OKR。这本书的英文版出版于2021年3月，中译本由李靖翻译，机械工业出版社2022年5月出版。

- 美国约翰·杜尔（John Doerr）的《这就是OKR》(*Measure What Matters*)。约翰·杜尔就像OKR的播种机，一直在热心地向硅谷企业推荐OKR方法，《这就是OKR》介绍了OKR在企业中的开展实践。

- 美国巴特·邓·汉克（Bart Den Haak）的 *Moving the Needle with Lean OKR*（《精益OKR带来大不同》）。作者有丰富的OKR辅导经验，尤其是在软件开发领域，因此书中列举了大量与软件相关的OKR开展案例，值得一读。这本书出版于2021年11月，截至本书出版暂无中译本。

- 日本天野胜的《OKR思维》。这本书以图形化的方式形象地介绍了OKR，通俗易懂。天野胜还在书中介绍了OKR在日本的推行经验，值得一读。

- 国内李靖的《OKR完全实践》。这本书覆盖了企业OKR实践的各个环节。OKR开展过程中遇到的不少问题，都可以在李靖的这本书中找到答案。

- 国内王洪君的《共创式OKR管理》。这本书侧重介绍了如何将共创和OKR结合。结合我的OKR开展经验，我认为OKR非常需要共创，作者在书中探讨了如何把共创技术和 OKR 相结合，以帮助高质量地制定团队 OKR，对此我完全赞同。这本书出版于 2020 年 10 月。

还有不少 OKR 专著也写得很好，在此不一一列举。

可以看到，OKR 相关书籍是如此丰富。在读完几乎所有这些中英文书籍之后，我也曾犹豫过一阵儿：我还有必要再写一本与 OKR 相关的书吗？

在经过长时间思考之后，我得出的答案是肯定的！我认为依然必要！

我和所有这些作者有一个非常大的不同——几乎所有其他作者都是以咨询顾问、OKR 外部教练的身份在传播 OKR：

- 在美国，约翰·杜尔是投资人，本·拉莫尔特是专职 OKR 外部教练。
- 在日本，天野胜是敏捷教练。
- 中国也大抵如此，所有已出版 OKR 图书的作者，都源自咨询界和培训界。

可以说，我是截至目前唯一一直在企业内部工作的作者，也是唯一在全生命周期实施 OKR 的作者：

- 2015～2018 年，我在华为全流程地支撑了百余个部门、约 2 万人规模团队的 OKR 开展。
- 2018～2020 年，我在阿里巴巴支撑了十余个团队的 OKR 开展。
- 2020～2022 年，我在腾讯支撑了百余个团队、近万人的 OKR 开展。

从管理层的 OKR 赋能到 OKR 共创、OKR 实施、OKR 复盘、OKR 文化、OKR IT，我在 OKR 开展的全生命周期和这些团队在一起：

- 华为 80% 的 OKR 赋能材料是我主导开发的，华为在长达三年的 OKR 推行期使用的 OKR IT 系统，是我一手设计和带领研发团队开发的。

- 我切实影响了阿里巴巴早期的 OKR 开展过程。
- 我深度辅导了腾讯多个部门开展 OKR 共创、实施和复盘。

所以我才说：OKR 是我从业生涯中伴随时间最久的一个管理方法。

我始终战斗在企业的第一线。我的视角始终是由内而外的、有体系性的，既要关注 OKR 底层理念，也要关注 OKR 具体实操，需要从头至尾贯穿从理念、方法论到实际落地的全过程。从 2015 年至今，我先后战斗在华为、阿里巴巴、腾讯等中国领先企业推行 OKR 的最前线，我的主要操盘经验集中在中国的头部企业。这几家企业都很成功，却又形态各异，业务领域、企业文化各有特点。除此以外，我还同其他企业，如高科技企业华大基因、初创游戏企业 tap4fun 等保持着很好的接触，帮助它们在企业内部开展 OKR，这些经验都很有启发意义。我希望把发生在这些领先企业内的最新 OKR 实践做一次汇集。

与此同时，在同外部企业交流的过程中，我也发现，国内不少企业的 OKR 出现了很多变形，很多企业将 OKR 作为一个单点实践在片面地开展，出现了断章取义的现象，甚至把 OKR 等同于 KPI 在用，只是换了个名字。可以看到，OKR 在国内已经开展 6 年有余了，门派众多，真假难辨，是时候萃取真金，让真 OKR 现身了。检验真 OKR 的最终标准，是实施 OKR 后能真正促进组织业绩的跃升。华为、阿里巴巴、腾讯以多年的实践，成功地在其原有组织系统上嫁接了 OKR 这一方法，发挥了 OKR 的独特效用。我希望尽我所能，把我在这些组织中的亲身实践萃取出来，给其他还在实施和准备实施的企业提供更全面、科学的参考，帮助它们开展"真 OKR"，这是我写本书的初心。于我，这也是 OKR 修炼之旅的另一个里程碑，它是我长达 7 年多在不同企业的一手 OKR 实践的系统萃取和升华。同时，本书充分借鉴了其他企业和其他 OKR 从业者的智慧，尤其是字节跳动的 OKR 实践精华，除此之外还吸纳了最新的绩效管理研究成果，所以也可以说，《真 OKR》是时至今日所有 OKR 从业者共同智慧的结晶。

企业开展 OKR，首先需要企业高管在底层理念层面切换到 OKR 理念上来，然后辅以系统性的 OKR 实操。只有这样，OKR 才能成功推行。《绩效使能：超越 OKR》解构了 OKR 工作的底层逻辑，本书将提供 OKR 如何在企业完整落地的系统实操。理念和实操要相辅相成，这样组织内部的员工才不会对 OKR 产生排异反应，OKR 的开展才会顺理成章。

真 OKR 是一套组合拳，企业需要组合开展，而不应只取一段。

本书分为 10 章，第 1 章是 OKR 概览，第 2 章是全书的总纲，提出了真 OKR 的五昧真火框架，第 3～7 章分别具体介绍了这五昧真火，第 8 章分享了真 OKR 的开展经验，第 9 章介绍了 OKR 与考核的关系，第 10 章讲述了 OKR 如何成就高绩效。这些章构成了一个环环相扣的有机整体，我建议你依序阅读，尽可能不跳读。

本书与《绩效使能：超越 OKR》在理念上是一脉相承的，是《绩效使能：超越 OKR》的最新实践。希望本书结合《绩效使能：超越 OKR》，能真正帮助企业管理者实现从理念到实操的深刻变化，帮助企业打造敢于挑战、善于创新的"真 OKR"文化，助力企业业绩持续腾飞！

致　谢 ◀ ACKNOWLEDGEMENTS

书籍是人类智慧的结晶！

我这样说，丝毫没有要自夸本书的意思。我深知，每一本用心之作，除了凝结作者的脑力劳动与汗水，也一定还吸纳了众多前辈和同行的智慧，是站在巨人肩膀上的继续远眺。当一本书收获赞誉时，功劳簿上不能少了他们。

正如我在前言中所讲的那样，本书既汇集了我在华为、阿里巴巴、腾讯以及众多外部企业中长达 7 年多的 OKR 实践经验，也吸纳了迄今为止所有已出版 OKR 图书的精华。我在这里充当了大熔炉的角色，来自企业的实践经验与来自学界的专业研究作为原材料在我这个大熔炉中充分地锻炼、萃取，最终生成了本书。

感谢华为、阿里巴巴、腾讯、字节跳动的 OKR 支持者和实践者，包括华为的吕克、武文斌、郑岩、周雪涛、李晓卉、代炜，阿里巴巴的吴敏芝、张菲菲、阮籍、昭君、吴亮，腾讯的林海峰、钟翔平、丁珂、魏颖、陈韵、于莉莉、刘靓文、卢星宇、肖瑞琪、周树雄、章莹、蔡锦绕、张积鸿、李洁、张军照、宋颖潇，字节跳动的谢欣、李诚等，他们在各自的企业中克服和正在克服着各种各样的现实困难，把 OKR 一步步地推向成功。他们的成功实践，鼓舞着更多希望尝试 OKR 的企业。

感谢在 OKR、绩效管理领域潜心研究的专家、学者，包括国内清华大学的张勉老师，国外的伊莱恩·D. 普拉科斯（Elaine D. Pulakos）、罗斯·A. 米勒-汉森（Rose A. Mueller-Hanson）、唐纳德·J. 惠勒（Donald J. Wheeler）、马克·格雷班（Mark Graban）、艾伦·L. 科尔奎特（Alan L. Colquitt）等，他们用科学的研究方法，持续地证实和证伪企业界一些 OKR 实践和绩效管理实践，从而持续提升 OKR 和绩效管理实践的科学信度和效度。

感谢无数 OKR 外部教练，包括约翰·杜尔、本·拉莫尔特、巴特·邓·汉克、姚琼、李靖等，他们一边辅导企业，一点一滴地推动 OKR 在企业中的落地实施；一边不断总结企业 OKR 开展的得失，把宝贵的经验汇集在业已出版的近 60 种 OKR 相关专著中。由于他们的努力，企业如今在开展 OKR 时，可参考的素材得到了极大丰富，这帮了企业不少忙，使它们可以少走很多弯路。

感谢机械工业出版社等出版界朋友的不懈努力，他们在 OKR 领域不断推陈出新，出版了很多 OKR 好书。

最后，特别感谢我的妻子，没有她默默地在背后全力支持，我很难在繁忙的工作之余，再抽出无数个日夜完成本书的写作。

衷心希望本书能在业已充沛的 OKR 沃土上，再贡献一点绵薄之力，让每个企业的 OKR 实践，都开出灿烂花朵，结出累累硕果。

若此，真 OKR 也！

目录 ◂ CONTENTS

前言　真 OKR 修炼之旅
致谢

第 1 章　为什么 OKR 在中国热度不减　1
OKR 在中国的应用现状　1
OKR 在中国为什么这么受欢迎　3
OKR 在中国企业开展效果一览　8
OKR 价值模型　11
OKR 在组织中的位置　13

第 2 章　OKR 的五味真火　15
什么是 OKR　15
真 OKR 的标准：CLASSIC　22
真 OKR 的句法　35
"真 OKR 三国杀"游戏　36
真 OKR 是如何炼成的　39
再谈为什么需要 OKR　41

第 3 章　OKR 五昧真火之一：OKR 制定　　49

要制定怎样的 OKR 才有效　　49
典型组织 OKR 制定的一般步骤　　51
开好 OKR 共创会　　54
 OKR 共创会第一步：深入了解业务现状　　56
 OKR 共创会第二步：设计 OKR 共创会方案　　57
 OKR 共创会第三步：对齐 OKR 共创会方案　　66
 OKR 共创会第四步：OKR 共创会场域布置　　68
 OKR 共创会第五步：OKR 共创会暖场　　73
 OKR 共创会第六步：OKR 赋能　　79
 OKR 共创会第七步：业务背景输入　　82
 OKR 共创会第八步：O 研讨　　82
 OKR 共创会第九步：KR 研讨　　88
 OKR 共创会第十步：生成 OKR 大图并明确下一步规划　　91
开好 OKR 握手会　　93
 第一步：通晒各事业群分别制定的 OKR　　94
 第二步：OKR 横向握手　　95
 第三步：对齐公司 OKR，生成公司—事业群两层 OKR 大图　　95
 第四步：明确 OKR 使能机制　　96
形成更大的 OKR 大图　　97
OKR 共创会与 OKR 握手会工作量分析　　98
OKR 的三种对齐方式　　100
超越 OKR，拥有小梦想　　107
OKR 出征仪式　　111
对 OKR 共创会和 OKR 握手会是否必要的再反思　　113

第 4 章　OKR 五昧真火之二：OKR 使能　　117

OKR 使能飞轮　　118
落实行动学习　　119
 行动学习是什么　　119
 华为 OKR 圈子：一种自发呈现的 OKR 行动学习案例　　121
 AAR：一种行之有效的行动学习方法　　124
开好 OKR 双周会　　127

OKR 回顾频率	127
如何开 OKR 双周会	130
做好一对一沟通	137
善于去发现里程碑	140
避免陷入盲目的"搬砖"细节之中	145
OKR 使能工作量分析	147

第 5 章　OKR 五昧真火之三：OKR 复盘　149

OKR 复盘心法：OS	150
OKR 复盘招式：GAMES	157
第一步：回顾目标（Goal = OKR）	157
第二步：描述举措（Action）	158
第三步：评估结果（Measuring）	159
第四步：探究规律（Exploring）	160
第五步：总结沉淀（Summarizing）	161
OKR 复盘招式小结	168
复盘频度	168
AAR 和复盘	170

第 6 章　OKR 五昧真火之四：OKR IT 系统　173

支持 OKR 创建	174
支持 OKR 使能	176
支持 OKR 复盘	176
真 OKR IT 系统应当具备的典型特征	177

第 7 章　OKR 五昧真火之五：OKR 文化　185

真 OKR 需要反馈文化	186
真 OKR 需要信任文化	190
真 OKR 需要与之匹配的 OKR 工作理念	193
真 OKR Z20 文化测量表	195
真 OKR 文化的形成非一朝一夕之事	198

第8章 真OKR经验谈　　201

OKR经验谈之一：OKR的共性问题　　201
OKR经验谈之二：OKR共创过程中的典型问题　　204
OKR经验谈之三：OKR使能中的典型问题　　207
OKR经验谈之四：OKR复盘中的典型问题　　208
OKR经验谈之五：OKR与考核的恩恩怨怨　　208

第9章 OKR与考核　　211

一则轰动一时的旧闻：阿里巴巴不再坚持强制比例分布　　212
国内OKR开展最彻底的字节跳动怎么做绩效考核　　213
让OKR和考核各自归位　　216
对绩效考核的再反思　　217
一种全新的实践　　220
　　动作一：把OKR理念融入新人选拔和培训中　　221
　　动作二：把OKR理念融入干部选拔和培训中　　222
　　动作三：重新定义公司绩效考核制度　　224
　　转变正在发生　　227

第10章 真OKR成就高绩效　　229

德雷斯勒-西贝特团队绩效模型　　229
　　阶段一：创建阶段　　230
　　阶段二：信任建立阶段　　231
　　阶段三：厘清目标阶段　　232
　　阶段四：获得承诺阶段　　232
　　阶段五：实施阶段　　233
　　阶段六：高效产出阶段　　233
　　阶段七：重生阶段　　234
OKR五昧真火与德雷斯勒-西贝特团队绩效模型　　234
OKR五昧真火点燃时间序列　　237
慧眼识真　　239
最后的忠告　　241

参考文献　　245

第 1 章

为什么 OKR 在中国热度不减

OKR 在中国的应用现状

OKR，英文全称为 objective and key results（目标与关键结果）。2015 年，OKR 在华为开始试点，拉开了 OKR 在国内大型科技企业应用的序幕。华为 OKR 试点采用的是自下而上的方式，从最初的 200～300 人，逐步扩大到 2016 年年底的 2000～3000 人，再到 2017 年年底的 2 万人，规模不断扩大。在意识到 OKR 对华为的巨大价值后，2018 年年中，华为正式将 OKR 应用到整个研发体系。

彼时，在企业界还名不见经传的"今日头条"（现今的字节跳动）公司，也在悄然开始应用 OKR

做目标管理。张一鸣在 2017 年源码资本年会上的一场题为"做 CEO 要避免理性的自负"的公开演讲中，花了大量篇幅介绍字节跳动的 OKR 实践。张一鸣非常自豪地说："我们让管理层的 OKR 对下属员工保持公开，让大家知道他们在做什么，为什么在做这个事情，其他部门的人在做什么。OKR 的制定过程也不是自上而下地分解，而是大家互相之间自己对齐。"[1] 此后，随着字节跳动的抖音产品在全国乃至全球的风靡，字节跳动的 OKR 实践也逐步广为人知，受到越来越多企业高层的重视。

2017 年，腾讯微信事业群率先引入 OKR 模式，张小龙非常注重通过 OKR 锻炼管理者的底层思考能力。此后，腾讯其他事业群也陆续开始试点 OKR。在经过几年广泛试点之后，腾讯最终在 2021 年年初全面进入 OKR 时代。

2018 年年底，一度陷入舆情风暴的百度公司，在全公司范围内正式启用 OKR 模式，试图用 OKR 重新让百度焕发活力，网络上甚至曝光了公司 CEO 李彦宏的年度 OKR，激起了不少公司对 OKR 话题的兴趣。

而少有人知的是，也是在 2018 年，阿里巴巴的客户体验事业群、创新事业群、大文娱事业群，也在不同程度地开始试点 OKR。此后，业务试点 OKR 的热情有增无减。2020 年下半年，阿里巴巴分别在各个事业群 HR 负责人层面及公司合伙人会议层面，热烈讨论了在全公司应用 OKR 的可能性。会议决定，自公司 2021 年 3 月 31 日新财年伊始，在公司范围内正式应用 OKR。自此，阿里巴巴也进入 OKR 时代。

还是在 2018 年，国内三大新能源汽车制造商之一理想汽车，也开始通过战略部牵头，在公司范围内有序推行 OKR。李想本人对推行 OKR 非常支持，他曾对我的一个朋友说："OKR 救了理想。"

2019 年年初，与字节跳动的抖音业务高度竞争的快手公司，也走上了 OKR 道路。随着其正式在公司范围内自上而下推行 OKR，快手也正式开始拥抱 OKR。

2020 年 3 月，全球最大的基因组学研发机构华大基因，邀请我给他们做一次OKR赋能，也正式开始在公司导入OKR工具。

2021年1月4日，万科下发《关于成立OKR研究与推进小组的决定》，在公司内成立OKR研究与推进小组，负责研究与推动OKR在万科的应用落地，打响了地产行业推行OKR的第一枪。此后，旭辉、龙湖地产等龙头企业也迅速在内部启动OKR试点推行。OKR快速席卷房地产行业。

…………

如果你愿意去挖掘，会发现国内不同程度地应用OKR的公司名单中，还有小米、京东、美团、三一重工、西贝、麦当劳中国……可以说，在如今的中国，头部企业几乎都在应用OKR作为其目标管理工具。飞书OKR客户统计数据显示，国内使用OKR的企业广泛分布于高科技与互联网、金融、房地产、制造、医药健康、零售、专业服务、教育与艺术、科研、媒体等行业，涵盖了初创、快速增长、成熟等各个企业发展阶段。更为重要的信号是，在应用OKR的众多企业中，非高科技/互联网企业用户的占比接近50%，[2]这充分表明，OKR不再是互联网和高科技企业的专有目标管理工具。

OKR在中国为什么这么受欢迎

2015年华为开始OKR试点时，希望能从国内其他企业实践中取经，以缩短其OKR试点历程，快速探索出华为的OKR实践。遗憾的是，环顾国内头部企业，没有任何公司在应用OKR。OKR还主要盛行于硅谷。然而，正如前一节所描述的那样，时至今日，国内的头部企业几乎全部都在采用OKR进行目标管理，这一应用趋势还在继续，OKR在企业界依旧热度不减。

这是为什么呢？

管理是讲究结果效应的。一项管理实践，无论它有多华丽，如果不能产生任何实效，不能让企业更成功，企业家一定会用脚去投票，快速地把它扔进垃圾桶。OKR能被越来越多企业家拥抱，一定有它成功的地方。

那么，OKR为何能成功？它有什么神奇的地方吗？

要回答这个问题，就得触及OKR的本质。我在《绩效使能：超越OKR》一书中，详细地剖析了OKR的底层逻辑。OKR作为一种新型的目标管理工具，致力于让员工理解工作的价值和意义，以激发他们发自内心地想去做事的内在动机。这就有别于胡萝卜加大棒式的、依靠外在驱动的KPI管理模式。内在动机是一种神奇的动机状态。对持有内在动机的人来说，工作本身就是对工作最好的回报。

我在阿里巴巴工作期间，员工常援引下面一段网络调侃语来形容自己的工作状态：

我爱工作！

工作使我快乐，工作使我进步。

我徜徉在知识的海洋里，吮吸着知识的雨露。

同事喊我吃饭，我充耳不闻。

老板喊我喝水，我无动于衷。

妈妈喊我睡觉，我百般推辞。

我只喜欢工作。

当一个人真的处于上面这样的状态时，他就处于内在动机驱动状态。工作的目的就是工作本身，工作不是为了追求外在的名和利，不是为了避免受到惩罚，工作本身就能让人体会到最大的乐趣和意义，名和利只是完成工作后带来的副产品。把名和利看成目的，还是看成工作自然而然带来的副产品，是OKR区别于其他外在动机管理工具的最显著特征。

内在动机好处很多。研究表明：

- 内在动机有助于提升员工敬业度。[3] 当一个人是受外在激励驱动而做一件事时，如果外在激励被撤销，他很快也会失去做这件事的动力。而一个人如果是受内在动机驱动做事，他能从做事的过程中感受对工作的选择感、意义感、进展感和价值感，因而会持续地去做一件事，会更敬业。

- **内在动机有助于促进组织创新。**[4] 员工越是受内在动机驱动做事，其创造力就越强，因而更有助于促进组织的整体创新力。
- **内在动机有助于组织成功转型。**[5] 外在动机更易让人形成习惯性定式思维，因而在组织需要变革和转型时会更难；而内在动机会更易让人拥有成长型思维，员工更敢于挑战自我和积极面对失败，因而转型更容易成功。

当下的中国企业，正处在需要不断创新和转型的历史大潮中，企业需要找到一种能激发员工内在动机的管理工具。OKR 恰好满足了这一需要：

- OKR 强调目标要同考核解耦，不把目标完成率作为绩效考核的依据，从而弱化了 OKR 作为目标管理工具的外在激励导向。
- OKR 强调在制定目标时，要首先思考目标的价值和意义是什么，这本身也是在试图挖掘员工做事的内在意义感。
- OKR 强调自下而上、员工参与，从而可以激发员工对工作的自主掌控感知，而自主恰恰是人的三个基本心理需求之一。
- OKR 强调目标要制定得足够有挑战性，这会激发员工在完成挑战性目标之后的胜任感知，而胜任是人类三个基本心理需求之二。
- OKR 强调目标要公开，不仅公开目标，还要公开过程进展，这避免了组织中经常出现的筒仓效应，让信息在组织里自由流动，这可以最大程度撤下大家的心理防御，有助于增强组织信任，改善员工间协作关系，而关系则是人类三个基本心理需求之三。

基本心理需求的满足，有助于促成员工进入内在动机状态。

而从宏观层面，如果把近年开展 OKR 的企业放在一个坐标图中，横轴表示企业业务属性从 2B 到 2C 的演变，纵轴表示员工从执行型到自主型的演变，会有不一样的发现（见图 1-1）。

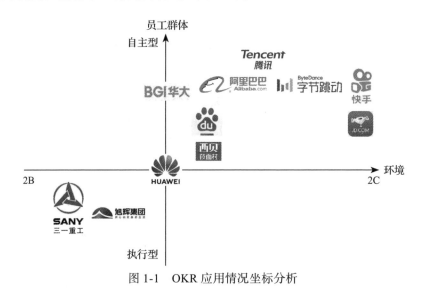

图 1-1　OKR 应用情况坐标分析

从图 1-1 的横轴来看，迅速拥抱 OKR 且开展效果不错的企业，大多是 2C 和高科技企业。它们为什么这么快就接受 OKR 了呢？这还得从 2C 和 2B 的差异说起。在 2B 企业，业务相对比较稳定，这类企业信奉的是契约精神，一旦和客户签订交付合同，就必须在规定的时间内完成所有交付工作。客户对自身提出的需求也非常谨慎。一旦签约，就意味着需求已经确定，进入履约阶段了。以我曾经服务的华为为例，华为的 2B 板块主要是运营商网络业务和企业网络业务。运营商网络业务在国内的主要客户是中国电信、中国移动、中国联通等几大运营商，华为每年会收集运营商的业务需求，然后与其签订交付合同。在 2012 年之前，华为一般以年度为单位规划产品交付节奏，大多时候，一年只交付 2 个版本，上半年和下半年各交付 1 个版本。所以，它的交付节奏是基本可控的。在这样的情况下，华为的目标在半年左右的时间里是稳定的，较少发生变化。由于主要也是管理层在接触客户，因此他们对客户需求的把握自然比员工深刻得多。因此，目标大多数时候也只适合自上而下地去制定。但2012年之后，华为在业务上发生了较大的变化。首先，华为全面超越爱立信，成为全球电信设备市场的领头羊。用任正非的话来说，华为进入了无人区。以前，在华为前面，有爱立信，有思科，华为是跟在它们后面的小弟。如今，小弟全面超越了老大哥，开始肩负如何创新、如何引领的新使命。其次，华为开始大步涉足2C领域，华为手机在市场上迅速立足，并在2020年，首度实现了公司历史上2C销售收入超过2B销售收入的情形。某种程度上，华为已不再是一家2B企业，而是一只脚在2B的无人区，一只脚在2C的红海之中。伴随着华为的2C化，华为在2015年启动了OKR试点。这一时间的选择，可以说既有管理上的偶然性，也有业务上的必然性，它是业务发展到新阶段后必然的管理选择。除华为之外，阿里巴巴、腾讯、字节跳动、百度等，无一例外都拥有很强的2C属性。可以说，企业越2C化，越拥抱OKR。

我们再来看图1-1的纵轴。迅速拥抱OKR的企业，其员工的自主性大多比较强。大多数情况下，这也是企业的2C属性所带来的。在2C领域，客户的需求千变万化，客户对品牌的忠诚度非常低，切换成本几乎为0。举例来说，一个客户今天喜欢苹果手机，明天可能就会因华为手机出色的拍照和电池续航能力而选择华为。客户上一刻可能在某家商店使用信用卡进行在线支付，而下一刻可能就在另外一家商店使用支付宝或微信支付了。在这千变万化的业务场景面前，员工往往比管理者更接近客户，更懂客户，因而目标制定的顺序出现了倒置。以往在2B领域是自上而下地定目标，而现在，要定出好的目标，管理者得充分卷入身处一线的员工的广泛参与，不然就会出现瞎指挥现象。这也是2C企业的员工更容易获得广泛自主性的重要原因。除此以外，伴随着新生代员工成为职场主流，他们比上一代人更加独立、更渴望自主，这在某种程度上也促使企业不得不相应调整原有的管理模式，赋予员工更多的自主权。而随着员工自主性的增强，他们也越发呼唤OKR模式，而越发抗拒KPI模式。

综上，企业的业务属性和员工属性两者的叠加，促使OKR受到了越来越多企业的青睐。业务2C属性越重，越快拥抱OKR；员工自主性越强，越喜欢OKR模式。

OKR在中国企业开展效果一览

在2013年就开始实行OKR模式的字节跳动，是国内最早吃OKR螃蟹的初创企业。在我同字节跳动副总裁谢欣的一次交流中，谢欣提到：字节跳动内部只有很少的管理工具，OKR是其中应用得最好的一个。在字节跳动内部，CEO会每双月带头制定公司层面的OKR，然后向CEO汇报的副总裁层级高管会制定自己负责业务线的OKR，每个员工的OKR会作为个人属性在飞书信息页面显示，方便查阅。字节跳动员工间见面寒暄时，很少问："你最近在忙什么？"因为一个员工在忙什么，通过查阅他的OKR就能很方便地知道。在字节跳动，OKR俨然已成为大家打招呼和彼此了解的一种便捷方式。

华为自2015年开始试点OKR，2年后的2017年，华为在公司开展了一次对OKR试点部门主管的全面访谈，几乎所有主管都表示愿意继续使用OKR，而不愿意退回到原来的PBC（个人绩效承诺）。同时，大部分团队主管表示，开展OKR之后，团队成员不同程度地制定了超预期的个人OKR，在一些团队，这一比例甚至达到了60%。在华为2017年年底例行实施的全员组织氛围调查中，开展OKR的团队的组织氛围明显好于未开展OKR的团队，也明显好于这些团队开展OKR前的组织氛围。这一系列数据充分说明，OKR在华为2年多的试点卓见成效，组织活力因OKR而得到大幅提升。

腾讯微信事业群自2017年开展OKR试点，2020年事业群在复盘OKR开展效果时发现：

- 超过一半的人能基于O（目标），挖掘出更多令人意想不到的事。

- 更多人报告说他们找到了工作的意义，获得了更愉悦的工作感受。
- 团队思维模式发生明显转变，从过往单纯关注数字，到以始为终地让数字服务于O（目标）。
- 员工会自发探索更多可能，工作主动性和积极性有明显提升。
- 氛围更开放，项目的发起和协作变得更高效顺畅。
- 沟通更密切，更关注把蛋糕做大，不再把达成各自的考核目标作为沟通的出发点。

理想汽车公司CEO李想极力推崇OKR模式，不止一次对我的朋友说："OKR救了理想。"一直以来，OKR都在高科技企业中推行，少有在制造型企业中成功应用的。而理想汽车通过自身的不断实践，逐步打磨OKR，使其越来越适应理想汽车的组织发展过程，越来越内化到理想汽车的组织文化中。理想汽车认为OKR有如下三大精神内核。[6]

精神内核一："OKR不关注对错，只关注成长。OKR作为一种自我承诺、员工自驱力的生发手段，理应与外部奖惩完全脱钩。"这带来的收益是，当任何一辆车出现问题时，理想汽车的研发工程师、质量工程师、售后工程师会第一时间赶去现场，共同围绕客户解决问题，反观传统车企，则要先花几周时间去想办法免责。

精神内核二：OKR充分解放基层创新力。理想汽车把营销方式的决策权充分下放给基层每一个门店，使得人流最小的上海南丰荟店，长出了自己的私域流量，长成了全国销售最好的店；使深圳的店长出了多语言服务组（潮汕话组、粤语组、普通话组）。基于权力下放的自主决策机制使理想汽车的组织效率变得非常高。

精神内核三：不断复盘OKR，不断训练问题拆解力。大部分企业OKR的迭代周期以月为单位，而理想汽车通过日报来训练大家撰写OKR，练习目标聚焦。日日训，日日复盘，大家的投入度越来越高。理想汽车CEO李想曾说："在2018年年初的时候我们的管理一团糟，通过使用 OKR 不断复盘、迭代，28 个月以后我们的总体销售效率达到非常高的水平，我们的平效超过任何一个传统汽车厂商，我们能 99% 地完成甚至超额完成目标。这是 OKR 给我们带来的巨大帮助，如果没有 OKR，我们一定早就折了，这个企业早就没了。"

也因此，理想汽车战略部负责人张辉在做客飞书策划的《组织进化论》节目时坦言："用不好 OKR，是企业的问题。"[7]

2022 年 3 月，李想在微博上公开表示：[8]

如果没有这么深入地运营 OKR 系统，真不知道今天理想汽车是否还存在。OKR 的价值：①大家脑子里想的，②嘴巴上说的和计划的，③行动中每天在做的，④最后真正做到的，⑤可以一起复盘总结的，确保这五点是透明的、一致的，可以提升组织的效率。

我们能从李想的这一分享中充分感受到他对 OKR 价值的高度认可。在李想看来，OKR 高度公开透明，将大家的所想、所说、所做连成了一条线，这事实上就让所有理想人都能清晰地看到他们所做的事的价值和意义。所以也可以说，是价值感和意义感驱动了理想汽车的成功。

曾辅导过京东零售、京东健康、京东物流三个子公司进行 OKR 转型的京东敏捷转型负责人何留留如是说：[9]

一位经理人曾跟我说，团队中竟然有人在用 OKR 自发做着老板没有要求的事情，感觉团队更有干劲儿了；也有团队成员找到我说，用了 OKR 感觉自己工作更加有意义，知道组织中的战略是什么，也知道自己所做的工作竟然可以支撑组织战略的实现，非常开心。

2021 年，字节跳动的飞书团队针对其飞书企业用户开展了一次涵盖 12 个行业、35 家企业的 OKR 调研，并发布了《2021 OKR 实践白皮书》。调研企业普遍认为：

- OKR 可有效促进企业战略形成共识与落地。OKR 可确保资源和精力聚焦在最重要的事上，能更有效地落实公司战略，促进组织形成共识。
- OKR 打破了信息隔离和信息垄断，使跨部门合作变得更容易、更透明、更顺畅。70% 左右的参调企业反映：OKR 让同事之间的协作变得更容易了，让部门产生了更多新的合作。
- OKR 帮助企业实现从绩效导向到价值导向的转变。超过 80% 的参调企业认为：OKR 让其员工更清楚地看到了自己对公司的价值，更加自发地思考做最重要的工作，更能激发他们持续挑战更高目标。

OKR 价值模型

我在《绩效使能：超越 OKR》一书中指出，OKR 的底层逻辑是内在动机，这是 OKR 与 KPI 的本质区别。要想 OKR 在企业中发挥作用，必须围绕这一核心目的去进行实践。开展 OKR 的企业，要始终记住 OKR 的这一初心，致力于释放员工心底对工作的内在热情，激发其内在动机，让员工发自内心地愿意付出超越职责的努力。

一花不成春，独木不成林。组织要能实现更大的价值，还需要人与人之间广泛的协同。OKR 除能在个体层面激发人的内在动机外，还能在群体层面促成相互协同。为什么这么说呢？你还记得 OKR 要强调"公开"这个点吗？公开 OKR 就是为了让所有人彼此了解对方的目标，避免各自为政，避免组织中广泛存在的筒仓效应。很多时候员工不协同，不是因为他们不愿意协同，而是因为彼此之间信息并不对等，存在信息差——是信息差导致了彼此不同的认知和站位。当 OKR 抹平了彼此之间的这一信息差之后，员工会更愿意站在共同目标层面沟通和思考问题，而非固守一隅，彼此不相让。当组织中的员工愿意围绕共同目标相互协同时，组织就不再是单纯的人的物理组合，而会产生 1+1 > 2 的化学反应。这就好比 2 个氢原子和 1 个氧原子碰到一起，组合成了一个难以分割的水分子 H_2O 一般美妙。

个体层面的内在动机，加上群体层面的相互协同，极大地释放了组织活力。内在动机让个体愿意设定高挑战性的目标，而公开又促成彼此的协同，最终形成的结果就是：组织在更高的层面实现了价值创造和价值突破。而这，正是 OKR 在组织层面所展现出来的终极价值，正是企业家所梦寐以求的组织的理想画面。优秀的企业之所以能够长存，不正是因为它们能不断地带来价值突破吗？

综上，OKR 的价值模型可以用一个表达式描述：

$$内在动机 \times 群体协同 \to 价值突破$$

也就是说，OKR 价值模型是一个三层价值模型，如图 1-2 所示。

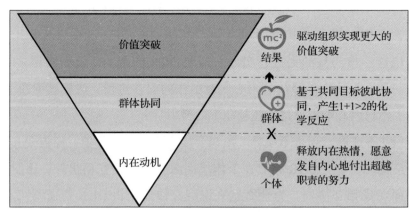

图 1-2　OKR 价值模型图

内在动机是 OKR 的个体价值，群体协同是 OKR 的群体价值，价值突破是 OKR 的组织价值。关于内在动机的更详细描述，读者可参阅我著述的《绩效使能：超越 OKR》一书。该书详细地阐明了内在动机理念及其五种典型状态。

OKR 在组织中的位置

我常将 OKR 视为组织规划落地的关键一环。没有 OKR，组织的规划再宏伟，都只会是空中楼阁。

大部分应用 OKR 的企业，会以季度为周期开展 OKR，一些企业还会以季度 OKR + 年度 OKR 组合的方式去推进 OKR。字节跳动和百度管理层会例行制定年度 OKR，并基于年度 OKR 滚动制定季度 OKR。这种长短结合的方式，兼顾了长期和短期，是一种动态平衡。

一些组织在 OKR 之上，还会做更长期的战略规划。华为会制定未来 5 年的战略规划。有长远战略的依托，OKR 的制定能更加有的放矢。

还有的组织，会看更加长远的未来，例如 10～20 年，制定未来 10～20 年的长远目标，这个长远目标又称为愿景。它相当于组织行进的灯塔，指引组织向更远的远方行进。

一家有抱负的公司，通常需要回答一个问题：组织存在的价值是什么？对这个根本问题的回答，就是组织的使命。在阿里巴巴，这个答案是"让天下没有难做的生意"；在亚马逊，这个答案是"成为地球上最以客户为中心的企业"；在腾讯，这个答案是"用户为本，科技向善"。

这样，Action（关键举措）、OKR、战略、愿景、使命，共同构成了一幅由近及远的组织规划蓝图（见图 1-3），它们在组织运转的过程中发挥着各自的作用，共同促进组织的进步和生长。

- **关键举措要围绕 OKR 展开**：埋头所做的那些事，应当有助于 OKR 的达成。
- **OKR 要服务于组织战略**：战略有如组织行进过程中的灯塔，导引着组织不致偏航。
- **组织战略要致力于组织愿景的达成**：愿景有如组织的北极星，在更远的远方指引着我们。

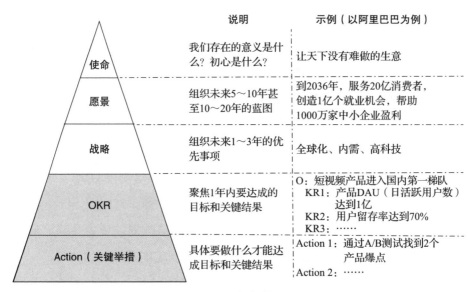

图 1-3　组织规划蓝图

- **组织愿景则驱动着组织不断逼近组织的使命这一初心**：组织的使命是伴随组织一生的指南针,"臣心一片磁针石,不指南方不肯休",不管组织的业务方向如何调整,都不要忘记使命这一初心。

第 2 章

OKR 的五昧真火

什么是 OKR

OKR 在中国这么受欢迎，那么，OKR 究竟是什么呢？让我们来一探究竟。

OKR 实践最早源于英特尔，只是英特尔不叫它 OKR，英特尔叫它 iMBO（Intel management by objectives），即英特尔目标管理法。后来这一管理方法被曾在英特尔工作、后成为风险投资人的约翰·杜尔介绍到谷歌公司，谷歌把它叫作 objective and key results，即目标与关键结果法，这也是 OKR 这一叫法的源起。再之后，随着谷歌的成功，OKR 风靡硅谷企业界，成为硅谷企业的必备管理工具之一。2015年后，随着华为、字节跳动等公司在国内的铺开试点和应用，OKR迅速被国内企业所接纳。时至今日，OKR正快速替代传统KPI，成为国内企业的标准目标管理工具。这就是OKR简史。关于OKR的更多背景介绍，读者可参考《绩效使能：超越OKR》一书。

从定义上，OKR只包含两个部分：目标（objective）和关键结果（key results），但在企业实践中，我们一般会把关键举措（action）纳入OKR范畴，将OKR事实上延展为OKRA。所以，OKR更多作为一个三层目标结构在被应用。

如图2-1所示，在OKR三层结构中，O是一种追求和方向，KR是通向这一追求的若干个里程碑，Action则是达成里程碑的一系列阶梯。

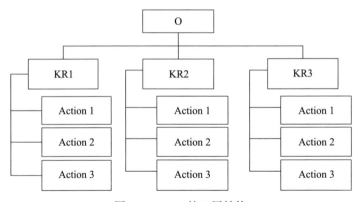

图2-1　OKR的三层结构

以哥伦布发现新大陆为例。如果哥伦布要定一个OKR，他会怎么来定呢？在哥伦布之前，从西方通往东方一共有两条路线：一条是陆路，由中亚沿里海、黑海到达小亚细亚，这条线路被当时的奥斯曼帝国垄断；另一条是海路，途经非洲的好望角到达印度，这条路线被葡萄牙把持。因此，当时哥伦布希望能开辟一条新的海上通路。哥伦布凭借自己丰富的航海经验，提出了一个大胆的设想：向西航行。用OKR语言表达，哥伦布的O就是"向西航行，发现通往东方印度的新航路"。在哥伦布时代，没有经纬度地图，哥伦布不知道印度准确的经度和纬度是多少，只知道地球是圆的，印度在地球的东方。为了实现找到新航路这一目标，哥伦布做了大量的准备。他首先拟定了一个通往新大陆的方案，并不断完善这一方案。之后，他花了大量的时间去说服西班牙王室，希望王室能提供两艘大船并拨一笔专项款以资路费。在这些准备工作就绪之后，他就可以正式启航去探索新大陆了。哥伦布打算在航海过程中"绘制海图，标注海洋水域和陆地方位的确切情况，进而打算编制一本书，用绘图说明赤道两边纬度和西行经度的整体情况"[10]。同时，"哥伦布在这次值得纪念的航海扬帆起航之日，就开始定期写日志，以备西班牙君王检查"[11]。所以，如果用OKR语言表达，哥伦布的OKR如图2-2所示。

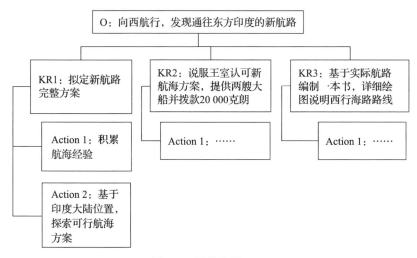

图2-2 哥伦布的OKR

大多数情况下，O是定性的，以激发和点燃人内心深处的激情为目的，它要阐明做事的方向，以及这样做之后能为公司、为客户、为这个社会带来什么改变。

要做到这一点，通常并没有那么容易。很多时候我们习惯了只是去描述我们要做什么，而不是去挖掘这样做的深层次意义是什么。举例来说，某团队是专门做读书分享产品的，它构建了一个读书分享平台"书享"，用户可以把他们的读书心得分享到"书享"上，去启发更多的书友，让知识形成二次生产力。于是,在某一个季度,团队的负责人写下了下面两个O。

O1:提升读书分享平台用户数

O2:提升读书分享平台整体规模和收入

这两个O本身有错吗?没错。"提升用户数"和"提升规模和收入"确实指明了两个方向。然而,这两个O最大的问题在于,它们仅仅停留在做什么的浅层表面,没有深入到为什么要做的更深层次。在此启发之下,团队负责人把这两个O迭代成了下面的样子。

O:打造健康、百花齐放的商业化生态

这个O比上面2个O更进了一步,上了一个台阶,"提升用户数"与"提升规模和收入"更深层的目的都是要打造一种商业化生态,而且希望这种商业化生态是"健康"的而非只关注一时得失的,是"百花齐放"的而非一家独大的。然而,对于一个读书分享平台来说,商业化总显得有些"铜臭"气息,追求商业化不应该成为团队的目标,它应该只是团队在满足了用户的知识渴求之后带来的一个自然而然的结果。基于这样的思考,团队负责人又进一步迭代生成了下面的O。

O:让书享成为汇聚智慧和点亮他人的平台,每个分享者都能用才华和创意去触达更多书友

这个O就非常能点燃团队了,它阐明了团队接下来要做的事的深层价值和意义。作为一个读书分享平台,它锚定分享者,去帮助他们释放才华,用他们的创意去触达更多书友,从而使书享成为一个汇聚智慧、点亮他人的平台。

书享平台负责人对团队的O的两次迭代,实际上体现了O的三重境界(见图2-3)。

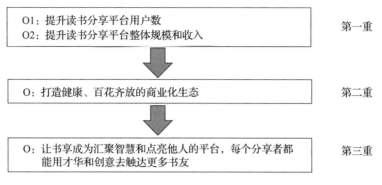

图 2-3　O 的三重境界（书享平台示例）

第一重：Just Do（单纯的做什么）

O 仅仅描述了做什么，没有阐明为什么要这么做。类似的有"打开欧洲市场""提升产品利润""开发新产品"等。这样的 O 本身没错，但是因为没有说清楚它的价值和意义，从而使得它太过务实，不能够点燃他人。

第二重：Direct Why（浅层为什么）

O 开始描述一些价值和意义，但还是比较直接。类似的有"打开欧洲市场，拉开公司进军发达经济体的序幕"。对 O 的思考到了这一层后，就开始具备一些点燃效果了，能让大家不只看到要做什么，还能了解到一些这样做后的价值和意义。

第三重：Root Why（深层为什么）

对 O 的思考到了这一层，剖析得已经足够深刻了，它穿透了做事的本质，体现了对为什么要做这件事的深层思考。类似的有"重塑用户心智，实现从'便宜货'到'便宜好货'的转变，真正惠及平台买家"。O 如果能进化到第三重境界，就能更好地点燃团队。

美国 OKR 专家巴特·邓·汉克在其辅导企业制定 OKR 的过程中，也经历过 O 的这一演进历程。[12] 最初，汉克辅导的大型零售公司制定的 O 是"上线一款新的网上购物平台"。然后，当他们试图定义这个 O 的 KR

时，发现它们只能是一些诸如什么时间完成设计、什么时间完成开发之类的项目里程碑，这显然太过常规，没有任何激励人心的成分。在汉克驱车回家的路上，他突然顿悟：上线一款新的网上购物平台，只不过是达成目标的一种方式，而不应该是目标本身。当初为什么要定这个目标呢？因为公司发现，现有的在线购物平台上的客户正在加速流失，希望能通过开发新的线上购物平台拉回一部分客户。但是，开发新的线上购物平台，能否阻止现有在线购物平台上的客户流失呢？很显然不能。新的线上购物平台能否带来更多的客户呢？答案也是不确定的，因为公司并没有深刻分析现有客户流失的原因。如果从这个层面考虑，公司真正的目标应当是阻止客户流失，而非再造新的线上购物平台。于是，汉克帮助公司重新定义了O：保持客户零流失。在这个目标之下，是否还要发布新的在线购物平台，就需要再讨论了。在我看来，这两个版本的O代表着O的三重境界中的第一重和第二重，汉克如果继续深挖，很可能会发现：保持客户零流失这一目标，还可以再进一步演进。保持客户零流失是站在公司角度思考的结果，如果站在客户角度去思考，客户为什么会流失，公司给客户创造了什么新的价值从而留住客户，这些问题都没有被探讨。如果我们站在客户角度来思考，公司的O可能是下面这样。

O1：提升公司产品和服务的客户体验，为客户创造出超越竞争对手的卓越体验

O2：提升公司产品的性价比，为客户提供全网最低价格的产品

O1走的是体验至上路线，O2走的是低成本竞争路线，走哪条路线，取决于公司的战略定位。这就好比京东希望打造的是极速物流体验，而拼多多走的是低价路线一般，两者面向的用户群不一样，却同样成功。

上述思考实际上同样代表了O的三重境界，如图2-4所示。

OKR包含O和KR，O代表理想主义，负责点燃人内心的梦想情怀，激发他们对诗和远方的渴求；KR代表现实主义，致力于脚踏实地、一步

一个脚印地走向远方。

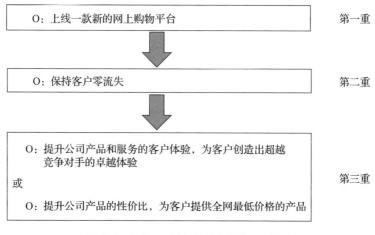

图 2-4　O 的三重境界（汉克的 O 示例）

通常来说，KR 有两种类型：度量型和里程碑型。

度量型是最常见的类型，它通过量化的数值标明要做到什么程度。例如：

- 提升手机启动性能至 1 秒以内。
- 实现单产品 5 亿元营收额。
- 拿下 3 个头部客户。
- 产品 DAU（日活跃用户数）达到 1 亿。

度量型 KR 可以进一步细分为正向型、负向型和范围型。

- **正向型 KR**：一般采用诸如"增加""建立""提升""扩大"等字眼进行描述，例如上面示例中的"提升手机启动性能至 1 秒以内"就是一个正向型 KR。
- **负向型 KR**：一般采用诸如"减少""降低""消除"之类字眼进行描述，常见的如"产品运营成本降低 10%""消除 80% 灰黑产业链对平台买家造成的干扰"。
- **范围型 KR**：它不是一个单一数值，而是有一个起止范围。例如，

"将产品运营成本控制在 3% ～ 5%""咨询顾问的使用率维持在 70% ～ 80%"。这两个例子中的 KR，都不是单一数值，这样的 KR 叫范围型 KR。范围型 KR 具备更大的灵活性，当实际达成情况落入范围内时，都视为 KR 已达成。

在实际工作中，我们发现，并非所有 KR 都可以用数值去量化表示，在一些情况下，用里程碑表示 KR 的推进程度可能更为合适一些。举例来说，如果我是负责产品开发的，那么我的 KR 可能是"发布 3 个功能"，这个时候这个 KR 是度量型 KR。但也有可能，我在这一 OKR 周期中，只负责开发一个推送通知功能，那么这个时候，我的 KR 就可以写成"发布上线产品推送通知功能"，这个 KR 就变成了一个里程碑型 KR 了。我在《绩效使能：超越 OKR》一书中，举了一个登珠峰的 OKR 例子。

O：登顶珠峰，挑战自我极限
KR1：3 天内从大本营登上 1 号营地
KR2：2 天内登上 2 号营地
KR3：3 天内登上 3 号营地

这个 O 的三个 KR，都可以视为里程碑型 KR，"1 号营地""2 号营地""3 号营地"是登顶珠峰过程中要达到的三个里程碑点。

当我们无法用度量型 KR 去描述 KR 时，我们可以尝试采用里程碑型 KR 来表示。需要注意的是，里程碑型 KR 并非意味着 KR 就是定性的，它实际上是从结果维度表示了一个终点。我们经常会用"完成""达到""实现"这样的词汇来描述里程碑型 KR。

真 OKR 的标准：CLASSIC

很多企业制定 OKR，只是套用了 OKR 的形式，生成的并不是真 OKR。真 OKR 应当达到什么样的标准呢？听到的回答常常是：SMART。SMART

是五个英文单词的缩写，它代表目标的五个方面，分别是：

- specific（具体的）。
- measurable（可衡量的）。
- achievable（可实现的）。
- realistic（实际的）。
- time-bound（有时限的）。

SMART 标准由乔治·朵兰（George Doran）于 1981 年提出，并发布在《管理评论》（*Management Review*）杂志上，文章标题为《制定管理目标的 SMART 方法》（*There's a SMART Way to Write Management's Goals and Objectives*）。此后，SMART 标准几乎成了评判一个目标是不是好目标的唯一标准。然而，绩效管理专家迪克·格罗特（Dick Grote）认为，SMART 原则已经过时了：

陈旧的 SMART 原则其实是实现目标最大的障碍，然而通常情况下人们定目标时只有这一个选项。SMART 原则在判断目标本身是否正确上毫无作用。也就是说，制定符合 SMART 原则的目标很容易，但制定出来的并不一定明智。

更糟的情况是，SMART 原则鼓励人们制定低目标。没人愿意制定看起来不可实现或不符合实际的目标。但管理者手下最弱的下属有可能抓住"可实现"和"具有实际意义"做文章，以制定最容易实现的目标当理由。然而实际上，只有制定高目标，即困难的、有挑战的、令人紧张的目标才能鼓励人们付出最多努力，获得最佳表现。[13]

罗斯·A.米勒·汉森和伊莱恩·D.普拉科斯是美国绩效管理专家，两人长期致力于研究并帮助企业成功推进绩效管理变革，他们在合著的《变革绩效管理以驱动高绩效》（*Transforming Performance Management to Drive Performance*）一书中阐明了 SMART 标准的弊端：

在审视了超过 10 000 名员工的个人目标后,我们发现:那些严格遵循 SMART 标准制定目标的员工,其绩效并没有因此就变得更好。

事实上,没有证据证明 SMART 标准可以提升组织业绩。基于我们多年的研究,我们可以得出的结论是:组织花费在制定 SMART 目标上的时间并不值得。组织应当将时间更多地花费在帮助管理者如何设定有意义和挑战的目标上,是否遵循 SMART 标准反而没有那么重要。[14]

退一万步,即便 SMART 标准适合用来衡量无结构的 KPI,它也依然不适合用来衡量 OKR,因为 OKR 是有结构的。OKR 的 O 和 KR 组成了两层结构,O 指明方向,KR 明确具体要达成的结果,KR 要围绕 O 去构建,O 和 KR 是存在差异的。这也就是说,在评估高质量 OKR 的标准中,应当分别定义 O 和 KR 的标准,这样才更具有指导意义。基于过去在企业大量的 OKR 实践,我发现,好的 OKR 更符合 CLASSIC 标准,而非 SMART 标准。CLASSIC 七个字母分别代表制定 OKR 时应关注的七个方面,其具体含义如下。

- **有价值**(customer-oriented):无论是 O 还是 KR,都要面向客户,把为客户创造价值作为最终目的。很多时候,我们都喜欢站在内部视角去写 OKR,而往往忽视客户视角。例如,"打造一款市场销量第一的产品"就是站在组织内部视角制定的 O,客户才不关心你是否销量第一,客户关心的是你的产品有没有价值,好不好用,服务好不好。所以,如果站在客户视角制定 O 时,O 更应该是类似"成为市场上用户体验最好的产品"这样的描述。请记住,只要有可能,尽可能让你的 OKR 靠近客户,而不是远离客户。
- **有数量限定**(less):OKR 应当少而精,要抵制住面面俱到的冲动。同一周期 O 的数量建议不超过五个,同一 O 下的 KR 建议不超过四个,我把它简称为制定 OKR 的"五四原则"。哈佛商学院教授约翰·科特（John Kotter）发现，那些成果卓著的 CEO 们有一个共同特点：完全专注在少量的核心目标上，并要求他们的下属持续而明确地围绕这些目标努力。[15] 霍尼韦尔前 CEO 拉里·博西迪和商业顾问拉姆·查兰也发现："如果一个领导者说'我有十项要务'，这说明他根本不知道自己真正想要什么，他不知道什么对他是最重要的。你需要找到几个能够影响公司业绩的现实目标和要务。"[16] 少而精的 OKR 是确保将资源投入对组织未来发展至关重要的战场的关键。

- **有承接**（aligned）：这包括三个方面。

（1）**O 的纵向承接**：O 应当承接组织战略，支撑组织战略的达成。在某些情况下，如果上层组织的战略也不清晰，或者你要做的事没有包含在上层组织的战略中，你也不要气馁，这反倒是你大展拳脚的时候，你要打开视野，把目光聚焦在内外部客户上，思考你能给内外部客户创造什么新的价值，他们就是你的 O。

（2）**KR 的纵向承接**：KR 应当承接 O，支撑 O 的达成。由于 O 是定性的，它需要 KR 去对它做定量展开。没有 KR 的定量支撑，O 就会变成空洞的口号；反过来，没有富有诗意、鼓舞人心的 O，KR 又很容易变成唯数字论的 KPI，失去了浸润心底的力量。

（3）**OKR 的横向承接**：你的 OKR 应当和其他相关 OKR 彼此形成支撑关系，共同支撑更上层组织的 OKR 的达成。这意味着，如果你对其他团队或其他团队成员有依赖，你需要和他们达成一致，在他们的 OKR 中有体现；反过来，如果其他团队或其他团队成员的 OKR 对你有依赖，也需要在你的 OKR 中有体现。

- **鼓舞人心**（stimulating）：O 应当具有很强的感染力，能够激发团队或自己为之奋斗。例如，"再造一个微信，满足企业客户的安全沟通需求"就是一个非常鼓舞人心的 O。大家都知道微信非常成功，截至 2021 年 9 月 30 日，微信产品合并月度活跃用户数达到

12.6 亿，[17] 是公认的国民级即时通信软件，能再缔造一个微信级软件，那无疑是非常令人兴奋的事。

- **简明易记（simple）**：O 应当简洁易记，能让人脱口而出，这样的目标才能被人记住，起到很好的方向指引作用。长而难记的目标通常很难深入人心。只要有可能，尽可能用一句话表述你的 O，让它更易于被理解和传播。

- **有挑战性（incredible）**：人们在面对一个难度适中的挑战时动力最充足，这在心理学研究中被称为耶基斯 - 多德森定律（Yerkes-Dodson law）。[18] 依据耶基斯 - 多德森定律，最佳激励水平位于枯燥乏味和焦虑不安之间的中点，如图 2-5 [19] 所示。

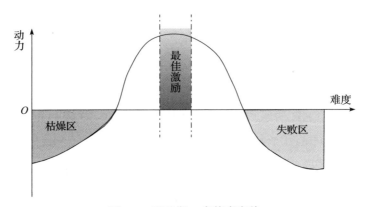

图 2-5　耶基斯 - 多德森定律

在设定 OKR 时，KR 要足够有挑战性。检验一个 KR 是否足够有挑战性，一个很好的测试方法是，如果你认为一个 KR 成功和失败的概率各占一半，那它就是一个足够有挑战性的 KR。我用英文单词 incredible 来代指"有挑战性"，意指目标有时看上去似乎让人难以置信。一般来说，OKR 的信心指数介于 50% 与 70% 之间为宜。更进一步，神经科学家贝里奇（Berridge）和罗宾逊（Robinson）指出：当人们完成挑战目标后，体内会生成兴奋剂多巴胺，这会让他们感到快乐。[20] 挑战不仅仅意味着数量上的挑战，还意味着质量上的挑战。建议在制定 KR 时，采用"质数成对法"：用一个 KR 指明数量，用另一个 KR 指明质量。这样做的好处是：避免了只关注数量而忽视质量的做法。例如，你制定的一个 KR 是"公司全年发明专利数突破 100 件"，这个 KR 指明的是专利的数量，你可以再制定一个关于专利质量的 KR："新增专利的整体创收额同比去年提升 30%"。这两个 KR 一个事关数量，一个事关质量，从而避免了数量增长而质量不提升甚至下滑的现象。

- **具体（concrete）**：KR 应当尽可能量化，用数据说话。在这点上，KR 和 KPI 是一致的，不可衡量就不可管理。例如，"努力确保客户不流失"就是一个不可衡量的 KR，应当明确指出"确保客户流失率不高于 ××%"。KR 一般有两种类型：度量型和里程碑型。"销售收入达到 10 亿元"就是一个度量型 KR，而"完成新产品发布"则是一个里程碑型 KR。另外，KR 还应明确具体的责任人，以便于后续的具体推进。

O 就像一个大教堂，KR 是度量衡，我们把上面描述的 CLASSIC 展示在一张图上，如图 2-6 所示。

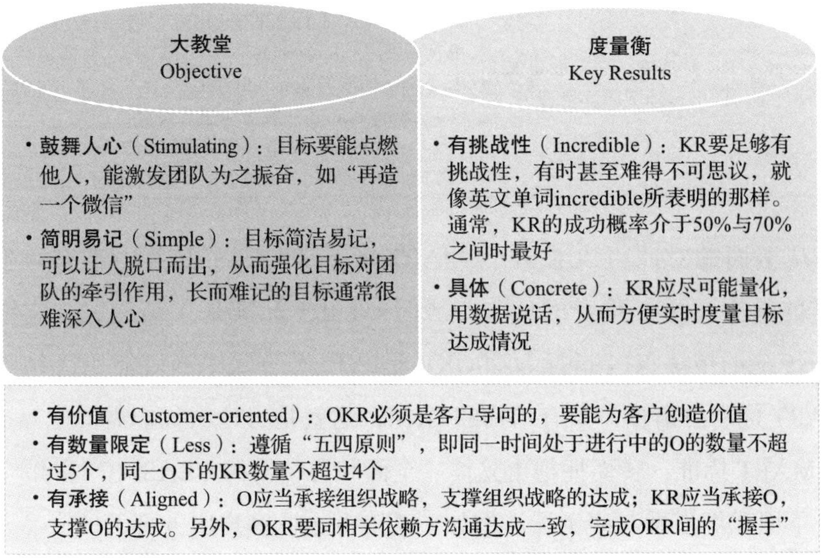

大教堂 Objective
- 鼓舞人心（Stimulating）：目标要能点燃他人，能激发团队为之振奋，如"再造一个微信"
- 简明易记（Simple）：目标简洁易记，可以让人脱口而出，从而强化目标对团队的牵引作用，长而难记的目标通常很难深入人心

度量衡 Key Results
- 有挑战性（Incredible）：KR要足够有挑战性，有时甚至难得不可思议，就像英文单词incredible所表明的那样。通常，KR的成功概率介于50%与70%之间时最好
- 具体（Concrete）：KR应尽可能量化，用数据说话，从而方便实时度量目标达成情况

- 有价值（Customer-oriented）：OKR必须是客户导向的，要能为客户创造价值
- 有数量限定（Less）：遵循"五四原则"，即同一时间处于进行中的O的数量不超过5个，同一O下的KR数量不超过4个
- 有承接（Aligned）：O应当承接组织战略，支撑组织战略的达成；KR应当承接O，支撑O的达成。另外，OKR要同相关依赖方沟通达成一致，完成OKR间的"握手"

图 2-6 真 OKR 的 CLASSIC 标准

CLASSIC 在英文里的意思是"有代表性的、典型的、最优秀的",按照 CLASSIC 标准去制定 OKR,会让你的 OKR 更有代表性,更具典型性,更优秀!

CLASSIC 标准与 SMART 标准的异同对照如表 2-1 所示。

表 2-1　CLASSIC 标准与 SMART 标准的异同对照表

CLASSIC 标准	SMART 标准
Customer-oriented:OKR 要始终面向客户	SMART 标准是在语法层面检查一个句子是否标准,它不管这个句子具体说了什么,以及这个句子对客户而言是否有价值
Less:OKR 要符合"五四原则",一个团队或一个人同一时期的 O 不应超过 5 个,每个 O 下 KR 不应超过 4 条	SMART 标准仅针对单目标,没有针对目标整体,换言之,SMART 标准并不管你有多少个目标
Aligned:O 要承接上层组织的战略,KR 要完整支撑 O 的达成。另外,OKR 要同依赖方达成一致,完成握手	按 SMART 标准写出的目标是无结构的,它只关心目标本身,不关心这个目标向上承接了什么
Stimulating:O 要鼓舞人心,点燃内心的激情	SMART 标准不关心目标对他人而言意味着什么
Simple:O 要简明易记	SMART 标准不关心目标的长短
Incredible:KR 要足够有挑战性	SMART 标准在这点上和 CLASSIC 标准是相反的,它强调 achievable(可实现)和 realistic(实际的),而 CLASSIC 标准则鼓励制定看似不可能完成的挑战性目标
Concrete:KR 要具体,一般而言 KR 有两种类型,即里程碑型和度量型	SMART 标准和 CLASSIC 标准仅在这点上有一些相似之处。SMART 标准的 specific(具体的)、measurable(可衡量的)、time-bound(有时限的),全都包含在了 CLASSIC 标准的 concrete 里: (1)time-bound 一般对应里程碑型 KR (2)measurable 一般对应度量型 KR 做到上面这两点,一条 KR 就是具体的(specific)

从上面的对照可以看出,SMART 标准和 CLASSICA 标准有太多不一样的地方,两者重合的地方很少。SMART 标准是无结构的,它更适用于传统的单一 KPI 指标。而 OKR 是结构化的,你不可能用无结构的 SMART 标准去衡量一个有结构的 OKR,这就是为什么我们需要抛弃过时的 SMART 标准,转而拥抱更立体、全面和有结构的 CLASSIC 标准。

下面我们来看一些例子。例如,某电商企业客户服务部下的产品开发部制定了一个下面这样的 OKR。

O：提升智能客服产品"小智"的日活跃用户数，成为全国日活跃用户数最多的智能客服产品

  KR1：峰值日活跃用户数突破 5000 万

  KR2：在线智能问题解决率提升至 80%

  KR3：提升客服人员可支撑的交易量级至 500 万元成交额/人

如果用 CLASSIC 标准去衡量这个 OKR，它是不是一个优秀的 OKR 呢？我们来逐一检查一下。

- 这个 OKR 的 O 下只有 3 个 KR，符合"有数量限定"原则。
- O 是"成为全国日活跃用户数最多的智能客服产品"，而国内标杆企业的日活跃用户数为 3000 万，因此 KR 能有效支撑 O 的达成，符合"有承接"原则。
- O 也非常简明易记，符合"简明易记"原则。
- "成为全国日活跃用户数最多的智能客服产品"这一 O，足够鼓舞人心，符合"鼓舞人心"原则。
- 目前智能客服产品的日活跃用户数仅为 500 万，要达到 5000 万，相当于要提升 9 倍，这一 KR 也足够有挑战性，符合"有挑战性"原则。
- KR 均是量化的，很具体，符合"具体"原则。

然而，作为客户服务部，它的主要价值应当是提升客户的网购体验。如果客户在网购平台上购物顺利，和商家没有任何纠纷，他完全没有必要求助智能客服产品。但这个部门下的产品开发部却将提升智能客服产品的日活跃用户数作为目标去努力，这完全背离了部门的初衷。其结果必然是，客户因在网购时不断收到智能客服产品的打扰而对该网购平台变得非常反感。也许，智能客服产品的峰值日活跃用户数上来了，但客户却逐渐不堪其扰而慢慢离开公司的网购平台。所以，这个 OKR 符合 CLASSIC

中所有其他标准，却唯独不符合"有价值"这一标准，这让它是一个糟糕的 OKR，需要从头进行调整，重新围绕客户价值去展开。

再举一个我的团队中的例子。我的团队中新来了一个小田同学，他制定了如表 2-2 所示的 4 个 OKR。

表 2-2 小田同学的 OKR 示例

O	KR
O1：参与构建公司级目标管理平台	KR1：跟进目标管理系统项目开发进程，准确、快速熟悉业务及其变化，参与梳理目标管理系统需求，深入体会项目开发过程的各个阶段 KR2：收集整理需求和跟进总结目标管理系统在试点部门的使用情况，沉淀经验并收集了解非试点部门的建议及需求 KR3：针对目标管理系统的运营，开发用户使用指南，对员工和管理者进行用户调研，维护目标管理用户手册，快速解答用户疑问和征集用户需求
O2：参与目标管理赋能	KR1：深入了解各部门在目标制定和目标管理过程中的难点和需求 KR2：配合搭建完善、立体的目标管理体系，结合内外环境、业务方向及岗位核心要求分析、辅助考察与决策
O3：公司组织绩效框架搭建	KR1：查看和学习相关的组织绩效知识以及组织管理知识，梳理近期组织战略大会内容，配合梳理搭建组织框架及流程，并提出自己的输入
O4：参与实现公司高绩效团队 DNA 的产品化	KR1：快速、准确了解项目工作，熟悉业务及其变化，建立对高绩效项目的基本认知，思考如何产品化，并尝试推进高战斗力产品化的进程和评估技术难点

当她拿着这份 OKR 来找我时，我问了她几个问题：

- 这份 OKR 让你觉得兴奋吗？每个 O 的价值点是什么？你有没有被它点燃？
- KR 主要从结果维度去描述，类似"收集整理×××""跟进×××"这样的描述是过程动作而非结果，它容易让我们失去焦点和抓不住重点，我们还能对 KR 做怎样的简化呢？
- KR 完成后，是否意味着 O 就完成了？

对第一个问题，她笑了笑，没有给我肯定的回答。很显然，她的 4 个 O 中，3 个都以"参与"开头，那她在这里面的角色就只是配角，这很难让一个人兴奋起来。而在她罗列的 O1 的 3 个 KR 中，大部分都是过程动作。O1 的 KR1 一连用了四个动作词汇:"跟进""熟悉""梳理""体会",看上去她要做很多事,但我想问的是:这些动作做完后,它要达成的结果是什么?我们能否找到这个结果,用唯一、简单的结果去替换这些动作?在 KR 中,我们要明确的是结果,结果是唯一的,但实现的路径可以有千万条。正如"条条大路通罗马"一样,我们不应该把去罗马的路线作为我们的 KR,而应该把什么时间点到罗马作为 KR。我们都认同这个世界是变化和复杂的,没有必要用路径把自己限制住,认准你的北极星即可。这是她的 KR 的最大问题,她的诸多 KR 中,竟然没有出现一个数字。可以想象的是,当 3 个月结束后,她回顾她的 OKR 达成情况时,可能自我感觉良好,因为她确实做了这些动作,但事实上她却并没有将工作推进得多远。我们画出她的 OKR 的 CLASSIC 折线图,如图 2-7 所示。

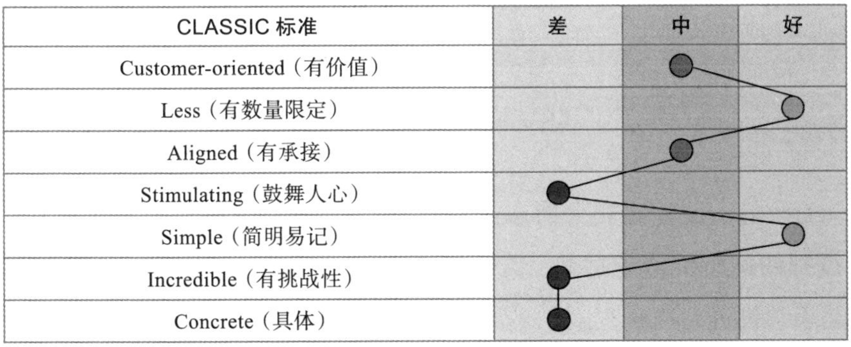

CLASSIC 标准	差	中	好
Customer-oriented(有价值)		●	
Less(有数量限定)			●
Aligned(有承接)		●	
Stimulating(鼓舞人心)	●		
Simple(简明易记)			●
Incredible(有挑战性)	●		
Concrete(具体)	●		

图 2-7 CLASSIC 折线图示例

于是,我和她一起做了下面这几个动作:

- 删去占她精力不多的 O3,确保精力聚焦在主要工作上,即 O 要简明易记。
- 更进一步梳理 O,O 要明确价值和意义,要能点燃她,即 O 要鼓舞人心。
- KR 要从结果维度去展开,不能停留在动作层面,动作层面可以留待 KR 明确后,在 action(举措)中去明确,即 KR 要具体。

- KR 也要足够有挑战性，这样才能倒逼我们对打法进行调整，以取得更大的业绩，即 KR 要有挑战性。
- 重新审视每一个 O 下的 KR，看它们是否能完备支撑 O 的达成，即 KR 对 O 要有承接。

这样，她的 OKR 就变成表 2-3 中的的 3 条。

表 2-3　小田同学修改后的 OKR 示例

O	KR
O1：共同搭建公司级目标管理平台，推进公司目标管理系统升级	KR1：有效支撑项目运作，确保项目关键人满意度达到 80% 以上 KR2：挖掘形成至少 2 个重大产品改进点，完善产品易用性 KR3：基于新系统开发 1 份目标管理用户指南，用户评价在 4.5 分以上（满分 5 分）
O2：完善员工层面目标管理赋能体系，升级员工对目标管理的认知	KR1：开发 1 门面向员工的目标管理赋能课程 KR2：以员工喜闻乐见的形式，开发 2～3 个面向全员的目标管理推行"记忆点"
O3：实现高绩效团队 DNA 的产品化，为未来在公司全面推进奠定坚实基础	KR1：开发 1.0 版本，完成一个模块的基本功能开发 KR2：输出 1 份简明易用的产品用户手册

当我们一起梳理完上面这份 OKR 时，兴奋之情写在了她的脸上。每个 O 都明确了价值和意义，方向清晰。而 O 的 KR 则指明了 O 要达成什么结果和推进到何种程度，是可衡量的，并且对她来说，这些 KR 也颇具挑战性。

接下来我们再看一个 HR 部门的 OKR 示例。这个 OKR 是这样的。

O：创造世界上最好的工作场所

　　KR1：对公司 257 名员工逐一进行访谈，找到需要改进的地方

　　KR2：将新员工的流失率从 20% 降低到 5%

　　KR3：将员工净促进分数（eNPS）从 50% 提高到 90%

这个 OKR 存在哪些问题？

作为 HR 部门，"创建世界上最好的工作场所"确实很鼓舞人心，但

这个 O 只说出了一半——要做到什么，却没有给出这样做是为了什么。

- 创建世界上最好的工作场所，是为了吸引更多优秀人才吗？
- 创建世界上最好的工作场所，是为了提升现有员工的幸福感吗？
- 创建世界上最好的工作场所，可以为公司带来业绩提升吗？

一个好的 O，首先要"有价值"，对 HR 来说，就是要对组织有价值。如果从这个角度去思考，O 最终的样子可能会是：

- 创建世界上最好的工作场所，吸引业界顶尖人才加入公司。
- 创建世界上最好的工作场所，成为世界上幸福感最高的企业。
- 创建世界上最好的工作场所，提升员工奋斗意愿。

前半句是要做成的事，后半句是做成这件事后希望达成的目的。

我们再来看 KR：

- KR1 是"对公司 257 名员工逐一进行访谈，找到需要改进的地方"。应该说，这个 KR 非常具体，也很有挑战性，但访谈只是手段，访谈后可能会发现非常多需要改进的地方，我们是每个都改进吗？显然不现实！更有可能的是识别出前五或前十的改进点。所以，KR1 应当把这一点明确下来，否则大家大费周章地做了大量访谈，可能最后并没有找到真正需要改进的点。另外，从投入产出比的角度看，如果能做到科学地随机抽样，那么抽样访谈也可以获得和全量访谈同样的效果，这样我们就没有必要做全量访谈。试想，当前公司只有 257 名员工，全量访谈倒也还可以展开，如果公司像华为那样，有 20 万员工时我们该怎么办？我们要善于借用科学方法去巧干，通过进行人员抽样，并结构化访谈提纲，用最小的成本识别出公司的首要问题。也许"全量调研+抽样访谈"会是个不错的选择，也许还有更好的办法。很多人在写 KR 时，喜欢把实现路径一并写进去，我认为这是错误的，它会束缚住我们的手脚。

KR 应该只关注结果，而不应该携带实现路径。实现路径总是灵活多变的，很多问题都可以一题多解。我们应当努力地去厘清我们希望达成的结果是什么，而把实现路径放到举措中去描述。

- KR2 是"将新员工的流失率从 20% 降低到 5%"，这非常具体，针对的是新员工群体，也明确了流失率努力的目标。然而，为什么只针对新员工呢？对一个只有 257 人的公司，新员工的比例能有多大呢？并且一般来说，在一个组织里，对组织业绩影响最大的通常是组织里的骨干员工。那么，骨干员工的离职率是否也应该要关注呢？或者如果组织当前骨干员工的离职率原本已经很低了，那是否要继续保持住使其不下滑呢？这个问题没有回答。

- KR3 希望"将员工净促进分数（eNPS）从 50% 提高到 90%"，这个 KR 非常有挑战性，对组织也很有价值。一个员工愿意向他人推荐自己所在的公司，说明他对公司有很强的归属感。这个 KR 非常棒。

现在，我们还需要思考的一个问题是：当我们完成上述 3 个 KR 后，是否可以完备地实现 O？

O 一共有 3 个 KR，分别是要找到改进点、降低新员工离职率和提升员工净促进分数。你有没有发现，KR1 只关注了找到改进点，但是并没有说要闭环改进多少改进点？识别改进点本身并不会带来员工体验的改善，只有真正地去改进才会带来不同。我们再回到 O 上来考虑，O 是要"创建世界上最好的工作场所"，那么，当我们改进了员工的首要关注点，降低了新员工离职率，提升了员工的推荐意愿，我们是否就是世界最好的工作场所了？似乎我们也不能得出这样的因果逻辑。所以，这个 O 的 KR 是不完备的，它不一定能完备支撑 O 的实现。

总而言之，遵循 CLASSIC 标准的 OKR，才更有可能是真 OKR。如若不然，大多数时候大家得到的都是假 OKR，或者只是套用了 OKR 形式的 KPI。

真 OKR 的句法

根据经验，好的 O 和 KR 大致遵循一定的句法。

O 的句法公式：

做成什么样（动词 + 名词），为了什么（动词 + 名词）

例如下面几个示例。

O1：推出东南亚版淘宝，深度渗透线下零售，扭转本地消费者对线上购物的认知

O2：实现 X 产品在功能上首次追平竞争对手，为未来全面超越竞争对手奠定基础

O3：重塑产品用户心智，实现从"便宜货"到"便宜好货"的用户认知转变

O4：拿下华南地区的咖啡直销零售市场，将华南地区打造成公司咖啡直销大本营

O5：推出一款很棒的最小化可行产品，成功验证产品商业模式

O6：实现客户在新系统上的秒级登录，提升客户体验

O7：用绝无仅有的性价比和客户体验吸引新用户，实现 5 日活跃用户数指数级增长

O8：确保公司推出的任意服务达到无损复原级别，让用户体验如丝般顺滑

O9：提升客户批量交易速度，让批量交易安全且快如闪电

O10：加速新特性交付速度，始终领先竞争对手推向市场

KR 的句法公式如表 2-4 所示。

表 2-4　KR 的句法公式

KR 类型	KR 的句法公式
度量型	动词＋数量词＋名词 或 数量词＋动词＋名词
里程碑型	动词＋名词 或 名词＋动词

例如下面这个 O 的 4 个 KR。

O：实现公司产品在核心功能上首次追平竞争对手，成为头部客户首选

KR1：100% 剖析竞争对手产品功能点（数量词＋动词＋名词）

KR2：完成 20 个核心功能点的开发和上线（动词＋数量词＋名词）

KR3：20 个核心功能通过客户验收（名词＋动词）

KR4：进入 10 家头部客户供货短名单并至少签约其中 6 家（动词＋名词）

需要说明的是，OKR 的句法公式为你写出好的 O 和 KR 提供了一个模板，但请不要刻板地把它当成数学公式一样去机械套用。OKR 的句法公式就像你的学步车，在你的 OKR 学步阶段，它是你的好帮手，一旦你掌握了制定 OKR 的要领和精髓，你大可甩开它，健步如飞。

"真 OKR 三国杀"游戏

我在华为时，曾邀请谷歌经理到华为分享 OKR 实践。他分享过这样一个故事：

一次，谷歌创始人拉里·佩奇去公司的 OKR 网站上看大家的 OKR，发现不少人的 OKR 写得非常冗长，看后根本让人没有印象，也记不住。佩奇非常生气，要求大家以后写 OKR 不能超过 3 个英文单词。

看来，OKR 越写越长是个通病，即使在 OKR 的发祥地谷歌也不例

外。但是，OKR不能超过3个英文单词，这可能吗？

事实上，这完全可能！

为了让大家体验一下如何才能把OKR写得短小精悍，我开发了一款"真OKR三国杀"游戏。我设计了一副仅由若干动词、数词和名词组成的扑克。动词诸如夺取、选拔、俘获、建造、统帅，名词诸如谋士、勇士、州县、大军等，数词则有1、2、3、6、7、3000、100 000等数字，所有动词、名词、数词均摘自《三国演义》，故名"真OKR三国杀"游戏。

"真OKR三国杀"游戏首先设定了这样的背景：

故事发生在三国时期，诸侯割据、群雄纷争，许多城池"城头变幻大王旗"，天下诸侯意气风发，欲一争天下。

在这样的乱世里，你需要发挥自己的才智，探索出有意义的目标，为自己在这个时代写下浓墨重彩的一笔……

之后，向大家介绍"真OKR三国杀"的具体玩法：

每组会收到一副"真OKR三国杀"扑克，同时每人也会收到5张空白卡片。大家要根据扑克牌上零散的动词、数词和名词"拼出"三国的KR，每个KR只能包含一个动词、一个数词和一个名词，并围绕至少2个KR生成一个有意义的O，从而生成整个OKR。

每组设立一位军师，军师不参与游戏，专职审查大家打出的OKR的合理性，军师对不合理的OKR有权否决，一切以军师的判断为准。

具体游戏规则如下：

（1）每人依次从桌上拿7张扑克牌。

（2）然后大家依此顺序摸1张扑克牌，并打出1张扑克牌，确保手里始终不多不少正好有7张扑克牌。

（3）如果摸上来的扑克牌可以生成符合需要的KR，就把代表KR的三张扑克牌摆放到桌面上，并从扑克牌堆中摸起3张新的扑克牌，以补足手里缺失的扑克牌,确保手里还是 7 张扑克牌。

(4)如果 KR(至少 2 个)可以生成一个有意义的 O,则大喊一声"真 OKR",并说出对应 KR 的 O,由军师判断该 OKR 是否合格,合格的话则可将所说的 OKR 写在事先发给自己的一张空白卡片上。

(5)如果扑克牌首轮摸完后仍没有获胜方,则游戏结束,全组宣告失败。

获胜条件:拼出的 OKR 数最多的组获胜。

时间限制:游戏一共可持续 15 分钟,15 分钟后游戏结束。

"真 OKR 三国杀"扑克牌示例如图 2-8 所示。

图 2-8 "真 OKR 三国杀"扑克牌示例

向大家展示一个例子。例如,一个组员从扑克牌中生成了 3 个 KR,具体如下。

KR1:统帅 100 000 大军

KR2:问计 3 谋士

KR3:攻破 10 西川州县

它们生成的 O 是:夺取西川,以备北进中原。这样,这位组员就生成了一个完整的 OKR,如图 2-9 所示。

图 2-9 真 OKR 三国杀游戏生成的 OKR 示例

由于《三国演义》中的故事在中国家喻户晓,每个人都很清楚三国时期各国的目标,因此大家心中是有大致的 O 的,只是这个 O 有多种多样的表述。群雄逐鹿,最终都希望能一统天下。所以"真 OKR 三国杀"游戏才让大家先生成 KR,再用 KR 逆向推演出心目中的 O。这实际上是让大家尽可能利用手中现成的资源,把牌打好。这个游戏的效果非常好,它一改惯常培训的说教风,寓教于乐,既点燃了大家心目中的英雄情结,也能从中学到真 OKR 的句法,非常受欢迎。大家在快乐的气氛中很快就能掌握如何才能写出简洁的 OKR。真 OKR 需要去芜存菁,抓住关键要素,不用面面俱到。

真 OKR 是如何炼成的

伴随着 OKR 在企业中的广泛应用,其效果好坏参半。一些企业如字节跳动、百度、理想汽车将其融入了企业的文化体系中,它们开展的是真 OKR。而不少企业则在跌跌撞撞中前行。究其原因,这些企业没有系统地开展 OKR,只是套用了 OKR 的一些形式,采用了 OKR 的一些皮肉,它们开展的并非真 OKR。

那么,怎么做才叫开展了真 OKR 呢?

OKR 不用进行考核,但这并不意味着 OKR 就不是闭环的。事实上,OKR 开展得很好的企业,都将 OKR 做成了一个自我闭环的系统实践。闭环意味着除了要制定 OKR,还要不断回顾 OKR 的实施过程,最后复盘

OKR 的达成过程。而伴随 OKR 制定和完成的整个过程的，则是全新的 OKR 做事方式，即 OKR 文化。如果企业规模较大，开展 OKR 还需要有相应的 IT 系统去支撑。

佛教中有一个词叫"三昧"，又作三摩地、三摩提、三摩帝，意译为定、等持、正受、调直定、正心行处等，是一种禅定境界，特指修行者心定于一处而不散乱的状态，所以又称为"定"。心到达三昧的状态时，能起正智慧，进而与所观境冥合，分明了知，悟得真理，称为"三昧发得"，或称"发定"。可见，三昧是佛教修行的必经阶段。

后来，道教借用了佛教的"三昧"概念，并同道教的"真火"概念合称"三昧真火"，成为道教专有名词。"三昧真火"是修道者修炼到一定程度才能达到的一种境界。

古典神话小说《封神演义》第十七回中，姜子牙施展三昧真火时是这样介绍的：

子牙用三昧真火烧这妖精。此火非同凡火，从眼、鼻、口中喷将出来，乃是精、气、神炼成三昧，养就离精，与凡火共成一处，此妖精怎么经得起！妖精在火光中扒将起来，大叫曰："姜子牙，我与你无冤无仇，怎将三昧真火烧我？"

古典四大名著之一《西游记》第七回中，孙悟空利用三昧真火将仙丹煅成一块，练就了金刚之躯：

太上老君即奏道："那猴吃了蟠桃，饮了御酒，又盗了仙丹。我那五壶丹，有生有熟，被他都吃在肚里，运用三昧火，锻成一块，所以浑做金钢之躯，急不能伤。"

在这里，我想借用一下神话传说里的"三昧真火"做个类比。对那些希望修炼真 OKR 的企业来说，OKR 制定、OKR 使能、OKR 复盘、OKR 文化、OKR IT 系统，是 OKR 的五昧真火（见图 2-10）。

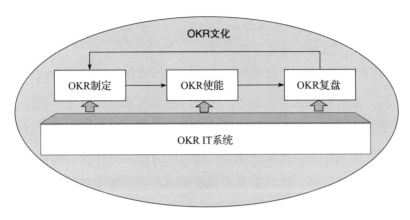

图 2-10 OKR 的五昧真火

企业如果能做好这五个环节，开展的就是真 OKR，OKR 就能在企业内部有效落地和见到成效。如果企业只实施了其中的一部分，浅尝辄止，开展的就是假 OKR，注定会半途而废。打个比方，大家都知道中国传统音乐是五音阶，分别是"宫、商、角、徵、羽"（读作 gōng、shāng、jué、zhǐ、yǔ），类似现代七音阶中的 1、2、3、5、6，即宫等于 1（Do），商等于 2（Re），角等于 3（Mi），徵等于 5（Sol），羽等于 6（La）。如果你只选择性地修炼 OKR 五昧真火中的一昧或几昧而非全部五昧，就好比你只用五音阶中的一音阶或几音阶而非所有五音阶谱唱像《高山流水》和《满江红》这样的中国古乐曲一般，你谱唱出来的就只会是五音不全的残音败歌。多说一句：你可能对"OKR 使能"这一词汇感到生疏，没有关系，你将在第 4 章找到答案。目前为止，你可以凭字面意思先在脑海里自由畅想它的具体含义。

再谈为什么需要 OKR

现在，相信你已经知道了什么是 OKR，以及真 OKR 的"五昧真火"——虽然你可能还不太清楚要如何去修炼这五昧真火——在你正式开启修炼之旅前，我还想再花点时间和你思考一个问题：我们为什么需要

OKR？只有在你真正坚定了对这个问题的回答之后，你才不会轻易地在修炼五昧真火的旅途上半途而废。

"为什么需要 OKR"这个问题，可以先转化成另外一个问题：为什么需要目标。尽管对一部分人来说，这个问题的答案显而易见，但过去互联网遍地是黄金、一抓一大把的时代培育了不少人这样的思维：你只要跨进互联网这片蓝海，随便去做点什么，就可以赚得盆满钵满。这就好比美国曾经的西进运动一样，你只需要策马扬鞭向西行，到了西部，你总能有一席之地。

然而，如今互联网已经过了那个"猪都能飞"的时代了。

现在，能飞的"猪"几近绝迹；现在，是肉搏战的时代。即使那些曾经飞起来的"猪"，也需要有目标了。

提起猪，我很喜欢马丁·克鲁贝克（Martin Klubeck）在《量化：大数据时代的企业管理》一书中讲述的关于三只小猪的故事[21]。

三只小猪

打败大灰狼之后，三只小猪放浪形骸，生活奢靡。三年过去了，他们生活在肮脏的环境里，体重严重超标——即便以猪的标准看，他们也太胖了。由于健康状况不断恶化，他们分头去看了医生。三个医生的结论完全一致：他们马上就要变成烧烤了。他们胡吃海塞，缺乏睡眠，不锻炼身体，也没注意到身体发出的危险信号。三个医生一致认为，如果不改变生活方式，这些猪就只有死路一条。

第一只小猪

第一只小猪的医生对他说："你的身体每况愈下，必须认真对待，改变生活方式！"

医生给小猪开了饮食计划、健身计划，还要他 12 个月内回来复查。

这只小猪确实吓坏了，所以努力自救。他不再吃垃圾食品，每天坚持锻炼，甚至上床睡觉的时间都提前了。一个月后，小猪感觉棒极了，这么多年来他第一次觉得这么爽。他决定搞个聚会庆祝一下。于是他约上羊羔兄弟，去外面彻夜狂欢。大餐过后，又搞了个吃冰激凌大赛（他赢了）。他们玩到凌晨3点才回家，回去倒头便睡。第二天，他忘了锻炼身体。好习惯被毁掉只是一眨眼的事儿。因为平时太忙（借口），只好周末锻炼了。快到月底时，他又开始吃垃圾食品，虽然没有以前吃得多，但也超过了正常标准。

年底复查时，面对医生失望的表情，他震惊了。

"可我是按医嘱做的啊，"第一只小猪说，"我饮食健康，努力锻炼，甚至睡得也比以前早了。我知道我的身体变好了……觉得比去年强了。"

"是。但你的体重没有明显改善。你可能吃得更健康了，但还不够健康。你的睡眠可能更充足了，但还不够充足。总体来说，你的身体状况恶化了……如果再不改变，性命堪忧。"

医生给第一只小猪开了一个新的饮食和健身计划，还给他报了一个动感单车课程，开了处方药，真诚祝愿他再来复查时能变好。第一只小猪确实被这些东西吓着了，因此对着自己的大下巴发誓，他一定要做得更好。

这次他坚持住了。定期锻炼，只吃健康食品，饿了就吃胡萝卜、芹菜或脱脂酸奶。每周都去参加动感单车课程，简直就像钟表一样准时。可是，悲催的小猪不知道自己的进展如何。7个月过去了，他虽然感觉好了点，可是因为焦虑，压力太大，他中风了。尽管身体状况有所改善，但他还是扛不住中风的打击。一个月后，他死了。听到这个消息，医生非常难过。在从日历上划掉马上到期的复诊预约时，医生哭了。

第二只小猪

第二只小猪的医生知道量化分析的重要性，是一个善于与病人沟通的好医生。医者父母心，他希望自己的病人更健康。看过第二只小猪的体检表后,他很沮丧。怎么才能改变小猪的命运?如何帮小猪重获健康?他喜欢量化,认为如果有目标指导,小猪能做得更好。医生设计的方案有三个指标:体重、血压、胆固醇。他告诉小猪,他随时有生命危险,然后建议小猪减掉90斤的体重,降血压,降低胆固醇,让三项指标都达到正常值。他还画了个健康趋势图,用来跟踪小猪的三项健康指标。当小猪进一步询问,该如何达成目标时,医生给了小猪6本小册子、2本书,还告诉小猪一些提供健康改善计划的网站。医生跟小猪约好,明年每隔3个月来复查一次。

第二只小猪非常努力地执行健康计划。他把体检表和健康趋势图贴在冰箱上,改变饮食习惯,健身,还尝试冥想。他又买了血压计、磅秤(质量很好),还有一个测胆固醇的漂亮小包。他不在乎钱——为健康花多少钱都是值得的。他一起床就去量血压、称体重、测胆固醇,每天三次。在第一季度检查时,医生对第二只小猪的进展很满意,他仔细地复查了一遍数据,确认无误后嘱咐小猪要继续保持。小猪备受鼓舞,决定更进一步,想去做胃绕道手术,但最终还是放弃了,而是选择每周有六天靠吃豆腐度日,第七天只吃大拌菜。他加大了锻炼强度,还开始尝试垃圾邮件里推荐的降胆固醇的药物(他可爱看垃圾邮件了)。

第二次检查临近,小猪变得急躁冒进。在复查的前三天他什么也不吃,只喝水。为了降低体内水的重量,他还在复查当天早上去蒸了个桑拿。医生都惊呆了。这头猪的体重足足减掉了50多斤,血压也正常了,胆固醇离标准值也只相差不到10%。医生为他取得的成绩拍手叫好,说下次复查时他一定能听到喜讯,离治疗成功只差3个月了。

可两个月后就传来噩耗,小猪挂了,死于肾脏衰竭。这只猪最终也没搞明白总体目标是什么,或者说如何评估他的整体健康状况。在死前的最后8个月,他一直都在跟几个数字较劲,却忽视了真正重要的"良好的身体状况"。

他赢了数值，却输了生命。

第三只小猪

第三只小猪的医生也相信量化，对待病人也很友善。但他和第二只小猪的医生不同。他相信病人能够应对真相，也应该了解指标的含义。医生告诉第三只小猪，他的身体之所以如此糟糕，主要是因为生活方式不好。医生介绍了体重、血压和胆固醇三个指标，解释了为什么它们能很好地反映健康状况，却不能作为唯一标准。小猪的健康状况在很大程度上还是取决于他对自己的爱惜程度，要及时和医生交流身体中出现了哪些"有趣的变化"。小猪想知道什么叫"有趣"，医生说这没有量化标准。下面是小猪跟医生之间的对话。

"那我该如何使用这些数据呢？"

"收集数据，跟踪数据，以数据为依据来判断我们是否错过了什么，或者取得了什么进展。"

小猪拿着图表，问："那我是不是得让这些数字更好看？"

"不。咱们的目标是让你更健康！那些数字只能用来判断你的发展方向是否正确。"

第三只小猪哼哼着："这有什么区别呢？"

"这么说吧，反映身体状况的指标有很多，血压、体重、胆固醇只是其中三个。你确实需要改善这些数字，但也不能以牺牲其他指标为代价。比如说，睡眠质量还是要保证的，还要经常锻炼，要进行精神压力测试，要保证记忆力、营养摄入等很多东西。目标是健康，而且不仅仅是身体健康，还包括精神健康。"

"那，我不用管这些数字？"

"也不是，如果这些数字没改善，说明你的身体状况也没好转。"

"那，怎么办呢？"

"这下问到点上了，小猪！"医生为小猪制订了一个简单的改善计划，还给小猪演示了如何量血压、体重和胆固醇。他让小猪每天填一份日程表，每周都要放到在线日记本上。每周的在线日记本包括他采集的数据，测量"我今天感觉如何"的数据，还有一部分内容记录了他为改善身体状况做了什么。医生承诺会定期检查，并且说如果发现异常情况，会及时跟他联系。

医生说："我希望你不会觉得我在控制你，我只是想了解你的进展情况。这对于改善你的健康状况至关重要。"

"不会，我喜欢这样。"小猪看医生有点担心，马上回答。"不过为什么不每个月给我做一次全面检查呢？"

"那太浪费了。除非有指标表明需要这样，否则我不会给你做全面检查，以免浪费你的时间或金钱。"

到第六个月时，第三只小猪的气色已经好多了，感觉也很棒，医生对他所做的努力予以肯定。到第九个月，他表现得棒极了，朋友和同事都夸他气色非常好。他恢复了健康。

听完这个故事，你发现了点什么吗？有没有发现里面充满了OKR隐喻？

对照OKR的语言，第一只小猪的医生只告诉了他O，没有告诉他KR，导致这只小猪不知道自己的O达成得怎么样，最终因为焦虑而中风，死了；第二只小猪的医生只告诉了他3个KR，即体重、血压、胆固醇，却没有告诉他，他的O是要保持"良好的身体状况"，最终他"赢了数字，输了生命"，也死了；只有第三只小猪的医生，既告诉了他O，也告诉了他KR，并反复叮嘱他在实现KR的过程中不要忘记了"KR虽然重要，但真正最重要的是O"，并且在过程中医生和他协商好，要做好日记、随时在线互动，医生在过程中不断地给他反馈，让他知道自己走到哪儿了，这些都是非常好的"OKR使能"。最终，只有第三只小猪恢复了健康。

德鲁克曾经讲过三个石匠的管理故事。当有人问正在修建教堂的三个石匠他们在做什么时，第一个石匠说他在养家糊口，第二个石匠说他在做这个世界上最精致的石匠活，第三个石匠仰望星空，目光炯炯有神地说他在修建一座教堂。这个故事非常鼓舞人心。但管理者需要明白，仅仅做到像第三个石匠那样"心中有教堂"也是不够的，那是一个非常棒的O，但石匠还需要同时具备支撑O如何达成的KR。KR就像O的度量衡，没有KR的支撑，第三个石匠仍可能落入"第一只小猪"的悲惨命运。

希望我们都不要成为仅有O、焦虑的第一只小猪，也不要成为仅有KR、唯数字论的第二只小猪。真OKR旨在帮你克服这些局限，成为真正健康的第三只小猪，帮你在难以随风起飞的红海时代另辟蹊径、重新起航，成为下一个哥伦布，发现全新的大陆。

第 3 章

OKR 五昧真火之一
OKR 制定

要制定怎样的 OKR 才有效

关于"设定什么样的 OKR 会更好"这个问题，我在《绩效使能：超越 OKR》一书中进行了详细分析。很多组织在制定 OKR 时，不是先制定组织 OKR，而是一下子推开到所有员工去自行制定个人 OKR，这是错误的。

1995 年，德博拉斯·克朗（Deborath F. Crown）等人做过一个研究，[22] 他们把目标设置分为五种情形。

- ▫ 情形 1：无目标。

- **情形 2**：只有团队目标。例如，请你用给定字母，帮助团队一起生成 3 个句子。
- **情形 3**：只有个人目标。例如，请你用给定字母生成 3 个单词。
- **情形 4**：以自我为中心的个人目标 + 团队目标。这种情况下，个体除了接收到情形 3 的个人目标外，还会被告知他们团队的目标。例如，请你拼出 3 个单词，用它们帮助团队一起生成 3 个句子。个体既要拼出他的 3 个单词，还要帮助团队一起生成 3 个句子。
- **情形 5**：以团队为中心的个人目标。例如，请你用给定字母帮团队至少生成 1 个句子。团队的目标是要生成句子，这个目标也是个人的目标，但这里没有告诉个体团队的目标是多少。
- **情形 6**：以团队为中心的个人目标 + 团队目标。这种情况下，个体除了接收到情形 5 的目标，也会同时被告知他所属团队有一个团队目标。例如，请你用给定字母帮团队至少生成 1 个句子，并最终确保你们团队一起生成了 3 个句子。个体一直是在围绕"生成句子"这个团队目标在努力，但他同时也需要生成至少 1 个句子，这是他的个人目标。

你猜一猜，哪种情形下团队绩效最佳？

答案是情形 6。当以团队为中心的个人目标和团队目标组合使用时，团队绩效将超越其他情形下的团队绩效。德博拉斯等人把这称为绩效最大化区域，如图 3-1 所示。

2011 年，艾德·克林菲尔德（Ad Kleingeld）等人再次基于最新的研究做了一个元分析，[23] 结果同样发现：设定以团队为中心的个人目标和团队目标的情况下，团队绩效表现最佳，这再次证实了德博拉斯等人 1995 年的研究结果。

这两个研究结果给了我们什么启示呢？它们充分说明，要使 OKR 发挥最佳效果，必须先有组织的 OKR，然后再有个人的 OKR。OKR 制定的过程，需要从组织 OKR 开始。

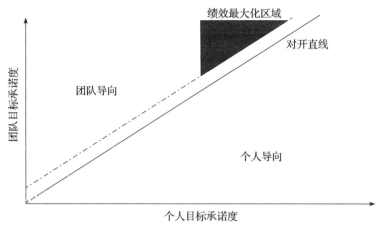

图 3-1　团队绩效与目标承诺度间关系

典型组织 OKR 制定的一般步骤

OKR 简单，也不简单。

简单的是 OKR 的结构，它包含 O（目标）和 KR（关键结果）两个部分，最多再包含一个 Action（关键举措），不外乎这三个部分。

不简单的是，要让团队成员对 OKR 有共识。很多管理者想当然地以为，依靠一己之力把 OKR 制定出来，给到下属去做进一步的分解和承接，OKR 制定这项工作在自己这一侧就算完成了，剩下的只是下属如何去做承接的问题。这一看法在根本上就是错误的，它本身就不符合 OKR 要群策群力的精神。用这种方式制定出来的 OKR，不是真 OKR。

那么，真 OKR 要怎么制定？

一般来说，在组织内制定 OKR 通常有两种方式：推和拉。上面提到的方式就是推的方式，这种方式通常会或多或少地造成下属内心的抗拒，从而产生"反推力"。与之相反的是"拉"的方式，指的是现场提问、集体参与等方式，通过这种方式让人们有参与感，把他们拉入脑力激荡的氛围中，从被动的旁观者变成主动的参与者，从而获得他们的认同。"推"引起抵抗，"拉"引起参与。在进行 OKR 共创的过程中，我们应该创造真正的参与，多"拉"少"推"。

假定在你的组织中，组织架构是公司—事业群—事业部—部门—中心—小组六层组织架构，如图 3-2 示。

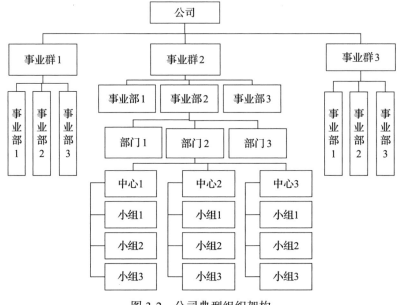

图 3-2　公司典型组织架构

我们假定，公司各事业群之间需要高度协同，才能共同完成公司的使命和愿景。在这样的组织架构下，OKR 应该如何制定呢？

我们先来看公司层和事业群层这两层组织的 OKR 应当如何制定。这分为三个大的步骤。

第一步：公司 OKR 共创会

在公司层，真 OKR 倡导 CEO 和事业群总裁们一起，通过一场 OKR 共创会去群策群力地共同制定公司层面的 OKR。CEO 可以把自己对公司未来一段时间的发展方向的思考分享给事业群总裁们，事业群总裁们则需要站在 CEO 的视角去思考：未来一段时间里，公司要在哪几个方向上实现突破？在思考这个问题时，所有事业群总裁都是CEO，要抛开本位主义。

第二步：事业群OKR共创会

公司OKR是各个事业群OKR的背景输入。在公司OKR制定出来以后，各个事业群总裁同样需要用类似的方式，组织本事业群下各个事业部负责人一起，通过一场OKR共创会去共同制定本事业群的OKR。同样，各个事业部负责人在制定事业群OKR时也不能有本位主义，他们需要站在事业群总裁的位置上去思考：我们事业群在未来一段时间里，要实现哪些突破，才能更好地支撑公司OKR的达成？

第三步：事业群OKR握手会

由于各个事业群的OKR是分别制定的，事业群的OKR可能存在如下3种情况。

（1）事业群的OKR之间需要相互协同。

事业群1可能制定了3个OKR，其中2个OKR可以在本事业群内自我闭环，但第3个OKR需要依赖事业群2。在这种情况下，事业群1和事业群2之间就存在一种需要握手的情况。

（2）各个事业群的OKR彼此交叉或重叠。

例如，事业群1的OKR可能是做人工智能，事业群2的OKR可能也是做人工智能。在这种情况下，就需要明确这两个事业群OKR的各自定位和分工，以避免重复造轮子现象。这两个事业群之间也存在需要握手的情况。

（3）各个事业群的OKR可能还存在"漏球"的现象。

例如，公司OKR中明确了未来需要去实现底层的技术中台，但所有事业群都没有就这一点制定相应的OKR。所以，我们还需要集中审视一下，各个事业群的OKR汇总在一起时，是否能完备地支撑公司OKR的达成，所有事业群的OKR需要在公司OKR下进行握手，形成一张OKR大图。

基于以上3种情况，我们需要组织一场OKR握手会，让各个事业群的 OKR 实现彼此之间的握手，以及同公司 OKR 的握手。

通过公司 OKR 共创会、事业群 OKR 共创会、事业群 OKR 握手会这三个 OKR 会议，就实现了公司—事业群两层组织 OKR 的制定，形成了公司—事业群两层组织的 OKR 大图。步骤如图 3-3 所示。

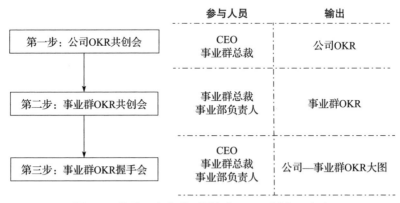

图 3-3　公司—事业群两层组织 OKR 制定三步法

开好 OKR 共创会

在公司—事业群两层组织 OKR 制定三步法中，前两步都是要开好 OKR 共创会，只是参加共创会的人不同，制定 OKR 的层面不同。这样，变得非常关键的一点就是：如何开好 OKR 共创会。

为什么要通过共创的形式来制定 OKR 呢？具备多年企业引导经验的 R. 布莱恩·斯坦菲尔德（R. Brian Stanfield）认为：[24]

与一个人对话可以解决问题或疗愈创伤；与一群人对话可以激发承诺、凝聚团队、激荡出新的机会，以及创建愿景。对话可以改变工作模式、建立友谊、创造焦点与能量以及坚定大家的决心。

OKR 共创正是要让所有相关人在一起互相启发、激发、碰撞，激荡出新的机会，创建出新的共识，并坚定大家朝未来进发的决心与信心。

根据我实际开展 OKR 共创引导的经验，要开好一场 OKR 共创会，一定需要有一名好的OKR共创引导师,由他负责设计和引导OKR共创会的实施。大多数情况下,OKR共创引导师的角色就是这个公司的HR。在阿里巴巴,从公司到事业群,都设置了组织发展人员(organization developer)一职,简称OD。负责策划和实施各种业务会议——俗称"搭场子",是阿里巴巴OD的一大主要职责,他们事实上就是最佳的OKR共创引导师人选。共创引导师就像催化剂,负责把公司的管理者组织到一起,催化他们之间发生化学反应,共创出公司未来的OKR。而在这整个过程中,他们要保持中立。如果企业内部没有合适的人选承担共创引导师的角色,也可以考虑寻求外部专业OKR教练或引导师的支持。通常,这在OKR开展早期尤为必要。之后,随着企业内部人员对OKR共创越发熟练,可以更多地从企业内部寻找这一角色。

在OKR共创引导师的促动下,好的OKR共创会应遵循如下三个阶段、十个步骤,如表3-1所示。

表3-1 OKR共创引导的三阶十步法

阶段	议程	目的	责任人
共创设计	1. 深入了解业务现状	了解团队业务现状及其管理特点	引导师
	2. 设计OKR共创会方案	结合业务团队现状制定团队目标管理方案	引导师
	3. 对齐OKR共创会方案	就第二步共创方案同团队负责人达成一致	引导师
共创准备	4. OKR共创会场域布置	结合会议目的布置会议现场	引导师
共创实施	5. OKR共创会暖场	增进彼此的熟悉度和信任度	引导师
	6. OKR赋能	帮助大家更好理解OKR理念及方法,确保对OKR的理解是一致的	引导师
	7. 业务背景输入	输入相关背景信息,包括业务过去做得怎么样,对未来发展方向有什么设想。尽可能在研讨前把大家的信息拉齐到同一个层次	团队负责人
	8. O研讨	以研讨的方式确定团队的O,增强大家对O的共识度	参会主管
	9. KR研讨	针对每个O研讨确定KR,增强大家对KR的共识度	参会主管
	10. 生成OKR大图并明确下一步规划	OKR共创会是OKR制定的第一步,后面还需要各个下层团队基于大团队的OKR再往下做展开和承接	团队负责人

接下来，就这十个步骤逐一展开讲解。

OKR 共创会第一步：深入了解业务现状

在做具体的 OKR 共创会设计前，OKR 共创引导师需要对同团队有一个深入的了解，包括：

- 团队业务处于什么发展阶段，目前面临什么挑战？
- 团队负责人对 OKR 的了解程度如何？其他团队主管呢？
- 团队负责人对 OKR 的拥抱程度如何？其他团队主管呢？
- 团队负责人对这次 OKR 共创会的预期是什么样的？
- 团队负责人对这次 OKR 共创会的参与度如何？他预期各个团队主管的参与度如何？在提升各团队主管的参与度上，他有更多的建议吗？

澄清对这些问题的回答至关重要，它们决定着一场共创会应当如何去设计和展开。在优秀的 OKR 共创引导师那里，每一场 OKR 共创会都是独一无二的，它必须贴合团队的具体业务实际和管理实际。

表 3-2 是我在一次同业务团队负责人交流之后的输出。

表 3-2　一个了解业务现状的案例

业务挑战	业务经历了多年的发展，处于一个相对平稳期，几块主要业务都有不错的营收，是公司的现金流来源。然而，团队已经有 3 年没有开发出有影响力的爆款产品了。不少团队主管开始安于现状，习惯按部就班地去做好目前产品的运营工作，很少思考用户的新需求，挑战和布局新产品的主观意愿也不强
对 OKR 的了解程度	我自己在同其他公司高管交流的过程中了解到了 OKR 的一些点，知道个大概，不深入。我们大部分主管的情况可能跟我一样
对 OKR 的拥抱程度	我非常支持。最近也跟管理团队其他主管提及过 OKR，有大概一半的主管很积极，觉得可以尝试，还有一半觉得对 OKR 的了解还不够深入，希望系统地了解后再做决定
对 OKR 共创会的预期	希望能通过这次 OKR 共创会，点燃和激发管理团队成员敢想敢干的精神，制定出团队未来一个季度的挑战目标
OKR 共创会参与度	我会全程参加，也会要求管理团队成员全部到现场参加

OKR 共创会第二步：设计 OKR 共创会方案

在深入了解业务团队的现状之后，就可以着手设计团队的 OKR 共创会方案了。

一般来说，一个团队的业务发展大致可以分为四个阶段，每个阶段的 OKR 共创会主旨会不一样。

阶段一：初创期——共创

初创期即业务从 0 到 1 的阶段。

在这个阶段，业务在不断地探索和寻找方向，可能有几块业务同时在做，但规模都不大，究竟哪块业务最后能胜出，谁也说不准，只能边走边看，不断优化和调整。创新是处于该阶段的业务的主旋律。

对于初创期的业务，OKR 共创会的主旨是要真正地"共创"，要不设限地充分调动大家的创造性智慧，共同"造"出团队的未来目标。

阶段二：发展期——共识

发展期即业务从 1 到 N 的阶段。

在这个阶段，业务已经找到了突破口，看清了方向，需要投资源去做大规模，占领市场。处于该阶段的业务，需要团队具备强大的执行力，"往一个城墙口"冲锋，不在非战略机会点上消耗战略竞争力量。这是上战场真刀真枪去和竞争对手开展肉搏战的时候，是一城一池地开展阵地战的时候。

对处于发展期的业务，OKR 共创会的主旨是形成"共识"，团队要就已经成功探索出来的方向达成充分共识，各相关协同方要围绕这个方向去共同战斗，大家要充分地拧成一股绳，做到"一颗心、一张图、一场仗"，即围绕共同的团队目标大图，真正齐心协力地去打好这场仗。

阶段三：成熟期——共享

成熟期即业务处于稳定营收的阶段。

在这个阶段，业务已经实现了盈利并初具规模，在持续不断地为公司创造现金流。处于该阶段的业务，形成了分工明确的若干职能部门，各部门各司其职，不断地在各自业务领域做深专业壁垒，形成业务的独特竞争优势。负责市场的部门不断地巩固同客户的关系；负责算法的部门持续引入专业算法人才，持续升级迭代算法能力；负责产品的部门则不断地打磨产品细节，以期持续提升产品的易用性。

对处于成熟期的业务，OKR共创会的主旨既不是"共创"，也不是"共识"，而是"共享"。为什么这么说？因为业务发展到这一阶段，各个部门的专业壁垒都已经非常深厚了：

- 产品部的人发展出了成熟的产品管理方法论，但不懂研发。
- 研发部的人构筑了强大的技术护城河，但不懂产品。
- 研发部和产品部的人各自做着各自的事情，对来自客户的诉求态度傲慢，响应缓慢。
- 市场部的人又完全弄不懂产品和研发，他们只关心收入和利润。

出现的结果就是：市场部抱怨产品部和技术部对客户需求响应太慢，而产品部和技术部的人又吐槽市场部短期主义，急功近利，不懂技术，胡乱承诺。各个部门各自站在本部门角度思考问题，对彼此的业务缺乏理解，造成深深的隔阂。因此，OKR共创会需要做到如下两个"共享"。

"共享"大团队共同的使命、愿景和战略：处于该阶段的业务，一定要有清晰的使命和愿景陈述，并做好年度战略规划。

- **使命**：我们这个团队存在的根本价值是什么？
- **愿景**：围绕大团队使命，未来5～10年或更远我们一定要达成的远期目标是什么？
- **战略**：未来1～2年，大团队的重点工作目标是什么？

"共享"各个小团队的关键业务信息：让团队充分共享本团队的关键

业务信息，帮助其他团队对本团队业务有更好的理解，消除大家的这层信息隔阂，促进相互理解和换位思考。

阶段四：转型期——共变

转型期即业务处于寻找下一个突破口的阶段。

一方面，业务仍有不错的营收和规模，但营收和规模已长时间处于不增长甚至下滑态势。处于该阶段的业务，最大的问题是团队已经形成了一种固有的文化，可能还有不少团队成员仍沉浸在团队过去的辉煌发展回忆中，不愿面对当前业务已处于颓势的现实。团队最大的问题是，如何让团队成员充分意识到当下的危机，并快速付诸行动去改变现状。冰山在融化，但生活在冰山上的企鹅却不自知，依然在用过去的方式思考和行事。

对处于转型期的业务，OKR 共创会的主旨是"共变"。要在 OKR 共创会前，充分收集来自客户和市场的反馈，充分分析业务当下的发展现状，把现状真实地呈现给参加 OKR 共创会的管理者，让他们充分认识到当前的形势有多糟糕和多危险，若不变革，只能消亡。

上述整个过程可以形象地用图 3-4 来进行描绘。

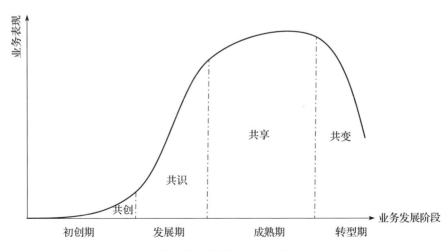

图 3-4　业务发展阶段与 OKR 共创会主旨

除了看业务发展阶段，还要看管业务的团队管理者的状态，这主要看两个"度"。

第一个"度"：团队负责人及团队的其他管理者对 OKR 的了解程度

团队负责人对 OKR 了解多少？如果了解得比较多，可以和他做一次深入的探讨，看看他对于 OKR 的独到见解是什么。可以在符合 OKR 理念的前提下，把 OKR 语言内化为他的语言，以进一步减少团队在接受一个新管理工具时的抵触情绪。而如果团队负责人对 OKR 了解得比较少，则可以向他做一次快速的 OKR 赋能，赋能后再问他一个问题："现在你对 OKR 有更深入的了解了，请问它符合你的预期吗？同你原来预想中的 OKR 有多大的差距？"

除了了解团队负责人对 OKR 的了解程度，还要再了解下团队其他管理者的了解程度。如果大部分人都有不错的理解，那么后面的 OKR 赋能环节就可以大幅简化；而如果大部分人都不了解，或者了解到的 OKR 各不相同，缺乏在工具层面的认知统一，就需要花比较多的时间向大家做 OKR 赋能。

第二个"度"：团队负责人及团队的其他管理者对 OKR 的拥抱程度

了解程度只意味着大家在知识层面对 OKR 的掌握情况。更为重要的是：这个团队的负责人，以及团队的其他管理者，对 OKR 的态度是什么？是非常欢迎？还是比较抵触？抑或是不冷不热的态度？这需要摸清楚。

如果团队负责人和团队其他管理者都对 OKR 持欢迎态度，那么恭喜你，OKR 在这个团队相当于成功了一半，后续很多动作就会进行得如鱼得水。

如果团队负责人很欢迎，但团队其他管理者却很抵触，这时要充分发挥团队负责人的影响力，在后续 OKR 环节中多让团队负责人亲力亲为，形成对团队其他管理者的持续示范，影响他们转变态度。

如果团队负责人不欢迎 OKR，这时不要着急在团队开展 OKR 共创，可以先花点时间了解团队过去是如何做目标管理的，这样做有什么优点，还存在什么不足，有没有OKR可以帮助解决的地方。如果都没有，可以再花点时间了解下团队目标管理的真实情况。根据我的经验，大多数时候，团队负责人不欢迎OKR都是管理者对团队目标管理现状过于乐观的表现，其实情况远非如此。引导者可以做如下两件事来对此进行验证。

- 首先询问团队负责人：团队目前（或最近一次）的目标是什么？如实记录下来。
- 再询问团队其他管理者：团队目前（或最近一次）的目标是什么？也如实记录下来。

对照上面两个答案，你会发现，大多数时候，团队负责人心目中的团队目标和团队其他管理者所认为的团队目标并不一致，甚至会出现完全不同或者彼此冲突的情况。当出现这种情况时，可以把这一现象如实地呈现给团队负责人。通常，这会让他大吃一惊。这个时候，如果再建议他去开展团队OKR共创，就很可能得到他的支持，从而水到渠成地促成OKR共创会的开展。除了解团队负责人对OKR的拥抱程度外，还要关注团队其他负责人对OKR的态度。一般情况下，如果团队负责人非常支持OKR，团队其他管理者大多也会附和表示支持。如果真的出现团队负责人非常支持而团队其他管理者坚决反对的情况，就需要在OKR共创会前设计一个单独的OKR松土会，让大家把对OKR的疑虑在这个会上表达出来，让各种思想充分交锋，同时也要注意在这个会上发挥团队负责人的影响力，他需要分享他对为什么要在团队引入OKR工具背后的思考，影响团队其他管理者。

在了解了团队业务现状、团队管理者对OKR的了解程度及拥抱程度后，接下来需要和团队负责人就对这次OKR共创会的预期与OKR共创会的产出达成一致。有些时候，团队负责人自认为已对团队未来的目标考虑得非常清楚，想借助OKR共创会让大家结合他的初步思考进行充分碰撞，形成考虑更周全的团队OKR；还有些时候，团队负责人希望能在

OKR 共创会上厘清 OKR 的具体分工，得到大家对 OKR 的共同承诺……这些期望都可以通过 OKR 共创会去达成。但有时候，团队负责人只是单纯地希望在 OKR 共创会上，单向宣布他所思考的团队的 OKR，这时就要花点时间去说服他：是否可以先不和盘托出他所思考的团队 OKR，先听听团队其他管理者的思考，再与他所思考的团队 OKR 做个对照，仅在存在较大偏差时，再进行澄清和纠偏？除了解团队负责人对这次 OKR 共创会的预期，还可以通过调研问卷的方式收集团队其他管理者的期望，我一般会在调研问卷中问如下 5 个问题。

1. 你所在的大团队（你的主管所在的团队）有团队目标吗？（单选题）

A. 有

B. 没有

C. 不清楚

2. 你对大团队目标的了解程度如何？（单选题）

A. 不是很清楚

B. 有一些了解

C. 基本上了解

D. 比较了解

E. 非常清楚

3. 在制定大团队目标时，你的参与程度如何？（单选题）

A. 很少参与

B. 会参与一部分

C. 基本都会参与

D. 参与比较多

E. 高度参与，清楚全过程

4. 围绕大团队目标，各个团队之间相互协同的情况如何？（单选题）

A. 分工混乱，扯皮现象比较多

B. 少部分时候协同还好，大多数时候协同不顺畅

C. 协作基本顺畅

D. 大部分情况下协作是顺畅的，只有少量磕磕绊绊的情况发生

E. 彼此之间高度协同，完全无障碍

5. 你对这次共创会有哪些期待？（主观题，请输入文字）

最后，再确认团队负责人在 OKR 共创会上的参与度。一般情况下，要完整产出一个团队的 OKR，需要约一整天的时间，如果团队负责人愿意拿出一天时间去开展 OKR 共创，就能有不错的产出。如果团队负责人暂时抽不出一整天时间，也可以退而求其次，分成两次 OKR 共创会去达成目的：第一次 OKR 共创会重点产出团队的 O，第二次 OKR 共创会再具体共创出团队的 O 的 KR。另外，也要了解下团队其他管理者的参与程度。现场参加的效果是最好的，这样有共创的氛围，可以相互启发和碰撞。所以，需要所有参会的管理者提前预留好时间，有些管理者可能分散在多地办公，需要提前安排好差旅集中至一处。

该过程的小结如表 3-3 所示。

表 3-3 基于不同业务现状设计 OKR 共创会方案的建议

现状大类	现状子类	OKR 共创方案
业务阶段	初创期	OKR 共创会的主旨是"共创"，方案中应多包含讨论和碰撞环节
	发展期	OKR 共创会的主旨是"共识"，要着重花时间就共同的发展方向达成一致，厘清彼此之间的依赖关系
	成熟期	OKR 共创会的主旨是"共享"，侧重让各团队管理者分享他们对各自业务的思考，增进团队之间对彼此业务的了解，以打破专业壁垒，更好协同
	转型期	OKR 共创会的主旨是"共变"，应在会前充分收集来自市场和客户的反馈，以促成团队管理者的危机意识，OKR 共创会应基于未来如何求存
OKR 了解程度	团队负责人	如果了解得比较深入，可以吸收他的理解为我所用，用他们熟悉的语言去对团队其他管理者进行 OKR 赋能，以降低理解难度并减少其他管理者对新工具的抵触情绪
	团队其他管理者	如果团队其他管理者对 OKR 已经比较熟悉，在 OKR 赋能环节可以少花点时间。但需要注意的是，团队各个管理者掌握的 OKR 可能各不相同，因此统一大家对 OKR 工具的理解是完全有必要的

（续）

现状大类	现状子类	OKR 共创方案
OKR 拥抱程度	团队负责人	团队负责人的支持是 OKR 成功必不可少的关键因素。如果团队负责人非常支持 OKR，并愿意带头实践，参加每个环节，那么 OKR 就相当于成功了一半。如果管理者对开展 OKR 还心存疑虑，召开 OKR 共创会的时间可以延后，先花点时间去影响和说服他
	团队其他管理者	一般情况下，如果团队负责人非常支持开展 OKR，团队其他管理者大多不会特别抵触。而如果真遇到团队负责人很支持，团队其他管理者却坚决抵制的情况，就要在 OKR 共创会前，再组织一个 OKR 松土会，让团队负责人去影响大家的意愿，也充分听听大家的顾虑是什么，尽可能在 OKR 共创会前争取到一部分支持者
共创会预期	团队负责人	需要明确团队负责人想通过 OKR 共创会达成什么目的，一般会有如下几种： 1. 我对团队 OKR 已经想得很清楚了，但还是希望通过 OKR 共创会让大家再沿着这个方向继续完善 2. 对团队未来要朝哪个方向去发展，我也不是很有底，希望通过 OKR 共创会让大家充分碰撞，找到一个大致的方向 3. 我只想借 OKR 共创会发布我思考的 OKR，让大家沿着这个方向去做 针对第 1 种情形，在 OKR 背景输入环节，可以多请团队负责人分享他的思考；针对第 2 种情形，则要多花点时间让大家充分研讨；坚决说服团队负责人放弃第 3 种想法，即便他认为已经想得很清楚了，也不建议他一下就和盘托出，而是让团队其他管理者先思考和研讨输出，再与他输出的版本对照，仅在出现偏差的地方进行纠偏
	团队其他管理者	通过调研问卷的方式去了解团队其他管理者对 OKR 共创会的预期。要注意在共创会上管理其他管理者对 OKR 的预期
共创会参与度	团队负责人	尽可能说服团队负责人全程参加 OKR 共创会，这样他能清楚地了解团队其他管理者对团队未来发展方向的认识，在大家认知出现偏差时把大家拉回来
	团队其他管理者	OKR 共创会应尽可能现场参与，因此要选一个团队其他管理者方便出差到现场参会的时间

基于如上考虑，一场典型 OKR 共创会的方案如表 3-4 所示。

表 3-4　典型 OKR 共创会方案

阶段	会议环节	责任人
会前准备	会前准备好如下必需物品： 1. 根据人数及会议目的，预订适合的会场 2. 基于业务相关性进行人员分组 3. 准备白板、纸、笔 4. 准备若干投票帖	助理引导师

（续）

阶段	会议环节	责任人
会前准备	**共创会暖场：** 根据团队管理者彼此之间的熟悉、信任程度，在正式开始OKR共创会前，安排一个能让他们打开心扉、拉近彼此距离、增进彼此熟悉度的暖场活动 如果团队管理者彼此之间信任度较高，暖场活动可以从简；如果团队管理者之间信任度较低，暖场活动甚至需要花上半天甚至更长时间	助理引导师
OKR赋能	基于团队负责人对OKR的熟悉程度，进行适当强度的OKR赋能，统一对OKR工具的理解和认知	引导师或OKR专家
战略输入	团队负责人总结团队过去的业务表现，并分享对团队未来发展方向的思考	团队负责人
O共创	第1步：结合战略输入，在组内共创生成团队的O ▫ 小组成员先独立思考10分钟：在接下来一个OKR周期（如季度）中，我们人团队需要达成哪几个O，才会让我们和团队都感到兴奋 ▫ 在组内充分碰撞，找出让所有成员都觉得兴奋的O 第2步：组间分享团队的O ▫ 以小组为单位分享本小组讨论生成的O，其他组可提问澄清 ▫ 对O进行归类，合并同类项，相同类别的O归入同一门类中，形成若干具备一定相似性的O清单 第3步：团队的O形成共识——第一轮初筛 ▫ 基于O清单，分组讨论：如果要在其中确定出3~5个最重要的O，是哪3~5个？要求给出选择理由 ▫ 以小组为单位，分享每组的选择，以及选择背后的理由 ▫ 基于各组分享，将列表中的O分成3个类别：重点考虑、待定、不考虑，大家高度达成共识要在接下来去做的O列入"重点考虑"类别，大家高度达成共识在接下来暂时不考虑去做的O列入"不考虑"类别，没有达成共识在接下来要不要做的O列入"待定"类别 第4步：团队的O形成共识——第二轮定稿 ▫ 审视"重点考虑"类别下的O数量（假设为N），如果已经超过5个，则可以不再做后续讨论，跳过下面步骤。或者可以接着讨论"重点考虑"类别下是否有要替换的O ▫ 如果数量少于5个，则对"待定"类别下的OKR再进行一轮分组讨论，从中确定出5~N个O，研讨方法同第3步 ▫ 以小组为单位分享本组的研讨结果，对高度达成共识的O，要么补充到"重点考虑"类别下，要么补充到"不考虑"类别下，如仍有不能达成共识的，继续调整到"待定"类别 ▫ 重新审视"待定"类别下的O，是否仍有坚持要在接下来的OKR周期中去做的？把大家的态度分成3类：坚持要做、可以不做、都行。基于这3类把大家分成3个大组。请"坚持要做"的组给出理由，"可以不做"的组进行提问，如果能说服"可以不做"组，则纳入"重点考虑"组，否则不纳入 第5步：确定O的研讨责任人 确定研讨责任人，分别领取若干O，以牵头后续KR的研讨	引导师

（续）

阶段	会议环节	责任人
KR 共创	第 1 步：O 的责任人带领相关参与方进行组内 KR 研讨 ■ 如果相关人数过多，建议分组，确保每组研讨人数不超过 5 人 ■ KR 研讨时，KR 要能完备支撑 O 的达成 ■ 一并梳理 KR 需要哪些外部团队支撑，寻找 KR 握手点 第 2 步：以 O 为单位，分享 OKR 讨论结果，其他组提问澄清	引导师
生成 OKR 大图	在一张大白纸上，把讨论生成的团队的 OKR 逐一列出，标识出如下 3 个信息，形成团队的 OKR 大图： 1. KR 的主要责任方是谁 2. KR 与 KR 之间的依赖关系是怎样的 3. KR 对外部哪些团队还有依赖	引导师
结束	说明此轮 OKR 共创会后下一步行动	助理引导师
	总结点评生成的 OKR 大图，点燃大家开启新征程	团队负责人

上述 OKR 共创方案需要 1～2 天时间才能达成目标。如果团队无法抽出 1～2 天时间，则可以进行适当取舍。例如，如果只有半天时间，一般只适合共创出团队的 O。或者，将 OKR 赋能在 OKR 共创会之前进行，从而节省出时间专注于 OKR 的共创。

OKR 共创会第三步：对齐 OKR 共创会方案

基于对业务的了解，以及对团队负责人和团队管理者的了解，OKR 共创引导师可以初步设计出 OKR 共创会方案。这时是否就可以直接进入 OKR 共创实施阶段了呢？其实不然。不管 OKR 共创引导师多资深、多专业，我都建议在正式实施 OKR 共创前，先就 OKR 共创会实施方案同团队负责人再做一次对齐，听听他对这个方案的意见和建议。另外，对齐的过程本身也是在增强团队负责人的参与感，会让他对后面整个 OKR 共创过程有更深入的了解，便于在 OKR 共创会现场更高质量地卷入，达成 OKR 共创会的目的。

我已经开展了几十场 OKR 共创会，但每一次在同业务负责人对齐 OKR 方案时，他们都会提出不少很棒的建议，我会将他们的建议融入 OKR 共创会方案。毕竟，他们最了解他们的团队和业务，OKR 共创会本质上是一场业务的共创，OKR共创引导师发挥的是助产师、催化剂的作用，是为了让参与者之间发生更充分的化学反应，生出能点燃大家的美好的OKR来。从这个角度去看，每一场OKR共创会都是独一无二的，它是生长在具体的业务场景上的OKR共创会。优秀的OKR共创引导师都应该做到"手中无剑，心里有剑"，保持空杯心态。只要能更好地促成共创，一切皆可调整，不要死守流程。

曾经，我在了解业务现状后，初步设计了如表3-5所示的OKR共创会方案。

表 3-5 OKR 共创会方案初稿

会议目的	会议环节
开场	暖场
	部门主管分享对部门未来1年发展方向的思考
认识 OKR	参与式研讨，触动部门其他管理者思考： ▫ **拉大梦想**：我们希望5年后的部门是什么样子 ▫ **回到现实**：当前目标管理的做法是什么，存在哪些不足 ▫ **思考 OKR**：期待 OKR 能带来哪些效果
初步掌握 OKR 制定方法	OKR 理念与实践分享（What & Why）： ▫ OKR 理念 ▫ OKR 工具与方法 ▫ OKR 成功案例
接纳 OKR	基于真实业务场景，参照 OKR 理念与方法制定1个 O
总结	后续 OKR 推进节奏介绍（制定部门所有 O 及 KR；OKR 推进节奏）
	总结：OKR 给我们的启发是什么，以及需要我们在行为上有哪些变化

这个部门的主管非常支持OKR，主动向部门HRBP（HR业务伙伴）提出希望在部门引入OKR，并阅读了一些OKR书籍，对OKR有大致的了解。部门经过多年发展，产品矩阵相对丰富，基本能满足用户当下的使用需要。然而，部门最近两年没有研发出新的产品，部分管理者有些墨守成规，不愿意主动去创新求变。基于他对OKR的了解，他希望通过OKR促成团队主管敢于设定挑战目标，敢于挑战自我，实现更大的突破。基于这些信息，我设计了上述方案。之后，我约他就OKR共创会方案进行了对齐。在对齐的过程中，他提出了如下几点建议：

- 虽然部门过去制定了使命，但目前部门工作和使命的关联度越来越弱，大家更多的是在做例行性工作，很少回到使命层面去思考问题。因此，希望能在"认识OKR"环节安排重新思考部门的使命，以及为了践行这个使命，管理者在未来要做哪些事情，相当于生成部门的愿景。由于互联网外部环境急剧动荡，因此未来时间不宜设置过长，1～2年比较现实。
- 关于OKR理念与实践的分享，有不少成功的案例，希望能分享1～2个失败的案例，让大家对OKR有立体的认识。
- 用实例的方式说明OKR和KPI的区别。
- 以真实场景进行OKR演练，可能会使对这个业务不熟悉的管理者很难参与研讨，建议用虚拟案例。

基于他的这些反馈，我刷新了OKR共创会方案，如表3-6所示。

表3-6 同部门主管对齐后的OKR共创会方案

会议目的	会议环节
开场	暖场
	部门主管分享对部门未来1年发展方向的思考
认识OKR	参与式研讨，触动部门其他管理者思考： - 拉大梦想：基于部门使命，设想部门在1～2年后应该发展成什么样子才是成功的 - 回到现实：当前目标管理的做法是什么，存在哪些不足 - 思考OKR：期待OKR能带来哪些效果
初步掌握OKR制定方法	OKR理念与实践分享（What & Why）： - OKR理念 - OKR工具与方法 - OKR成功案例 - OKR失败案例
接纳OKR	基于**虚拟场景**，参照OKR理念与方法制定1个O
总结	后续OKR推进节奏介绍（制定部门所有O及KR；OKR推进节奏）
	总结：OKR给我们的启发是什么，以及需要我们在行为上有哪些变化

OKR共创会第四步：OKR共创会场域布置

"场"原本是物理学用语，如重力场、磁场、引力场等。"场"有一种无形的力量，对处于场中的物体具有影响力，使处于场中的物体具备一定的能量。例如，处于地球重力场中的物体具备重力势能，它会有一种掉向地面的趋势，在重力场中，物体离地面越远，具有的势能就越大。再如，我们都知道，磁场是从磁体的北极（用字母 N 表示）发出，指向磁体南极（用字母 S 表示）的一种闭环磁力线。如果一个小铁珠处于这样的磁力场中，它就会受磁场能驱使，会有一种被吸附至磁体的南极或北极的趋势，在磁场中，离磁体南极或北极越远，小铁珠具备的磁势能就越大。U 型磁铁的磁场如图 3-5 所示。

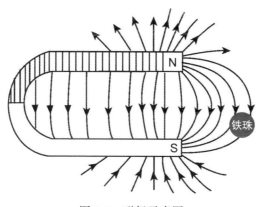

图 3-5　磁场示意图

拓扑心理学的创始人、实验社会心理学的先驱库尔特·勒温（Kurt Lewin）首次将物理学中"场域"的概念引入管理领域，提出群体场动力理论。勒温认为：一个人的行为动机是由其"心理生活空间"决定的。"心理生活空间"是指在某一时刻影响行为的各种事实的总体，既包括人的信念、感情和知觉到的意义、目的等，即个人内在"心理场"，也包括被知觉到的外在环境，即外在"环境场"。当一个人独处时，他更多的是受到他自身心理场的作用，而当他置身群体之中时，就会知觉到周围的人和物体，受到外部环境场的影响。

OKR 共创会是一种群体共创。每一个来参加共创会的管理者都置身某一研讨空间，处于这一暂时的外部环境动力场中，我们称这一外部环境场为 OKR 共创会的场域。优秀的 OKR 共创引导师总是善于匹配 OKR 共创会的目的，去打造得体的场域，把参会者自然而然地带到共创的氛围中。

场域的打造主要包含 4 个部分。

共创会地点选取

一般来说，OKR 共创会在公司内部举办。但有时为了让大家暂时脱离工作的影响，也可以把大家拉离公司环境，在一个风景怡人的度假村或者安静惬意的小茶馆中去开展。共创会开展地点的选取很重要，当你选择在公司时，大家的心理场还没有脱离日常工作，总会想着借共创间隙回去处理一些手头的工作。而当你把大家拉离公司时，就会暂时断绝大家的这一念头，把大家的心理场暂时地和日常工作断开，这样，他们更可能全身心地投入共创会。

共创会会议现场物理环境的布置

现场的布置应匹配共创会的主题基调。例如，如果共创会是以提振士气为主，那么就可以把会场布置得温馨一些，以红色、橙色等暖色调为主；而如果共创会的目的是希望大家理性地对未来进行深入思考，那么可以以蓝色、银色等冷色调为主，这样当参会人员走进会场时，就会在无形中不自觉地被会场氛围影响。例如，我在策划阿里巴巴客户体验事业群的一次策略沟通会时，为了让大家感受到我们过去已取得的阶段性进展，同时也催促大家形成更强的紧迫感，在沟通会现场的墙面上张贴了一幅大大的写有"奔跑、奔跑、奔跑"字样的橙色背景幕布，如图 3-6 所示。

图 3-6　共创会场域布置图 1

同时，在会议现场的四周挂上了这样的大幅文字，还在天花板上悬挂了若干文字小标语，形成无处不在的强大环境场，如图3-7所示。

图3-7　共创会场域布置图2

共创会现场成员座位布置

除了会议现场的氛围类布置外，共创引导师还应根据会议需要，设置适当的会议布局，常见的会议布局有如图3-8所示的几种。

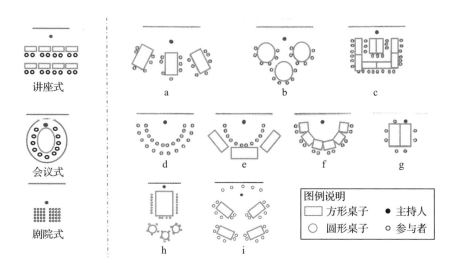

图3-8　共创会位置排布样式

一般而言，排排坐的讲座式、围绕会议圆桌或方桌一个挨一个的会议式，以及像电影院般的剧院式，都不适合做共创研讨，岛型布局（图3-8中的a、b、i）比较适合做共创研讨。有时，为了拉近研讨者之间的距离，也可以撤走岛型布局中的桌子，只在地上放上一些研讨必须用到的大白纸和笔，让研讨者可以更随意地调整他们之间的距离。

共创会的音响等软性布置

还应关注共创会的音响等软件布置。当参会者走进会场时，除了受会场的物理布置的视觉影响外，还会受到会场的听觉的影响。如果会场播放的是轻音乐，它暗含大家可以放松些；如果会场播放的是军乐，它暗含的是大家要有战斗的气息。

华为高管过去在开会前，大多会先集体歌唱一曲云南陆军讲武堂军歌《中国男儿》，当嘹亮有力的歌声响起时，会激起参会高管们的澎湃心潮。

中国男儿，中国男儿，要将只手撑天空。
睡狮千年，睡狮千年，一夫振臂万夫雄。
长江大河，亚洲之东，峨峨昆仑，翼翼长城，
天府之国，取多用宏，黄帝之胄神明种。
风虎云龙，万国来同，天之骄子吾纵横。

中国男儿，中国男儿，要将只手撑天空
睡狮千年，睡狮千年，一夫振臂万夫雄。
我有宝刀，慷慨从戎，击楫中流，泱泱大风，
决胜疆场，气贯长虹，古今多少奇丈夫。
碎首黄尘，燕然勒功，至今热血犹殷红。

中国男儿，中国男儿，要将只手撑天空。

睡狮千年，睡狮千年，一夫振臂万夫雄。
长江大河，亚洲之东，峨峨昆仑，翼翼长城，
天府之国，取多用宏，黄帝之胄神明种。
风虎云龙，万国来同，天之骄子吾纵横。

互联网公司比较倡导个性和自由，很难让大家像华为一样去集体唱军歌，但依然可以在 OKR 共创会正式开始前，播放一些群星共唱的歌曲，把大家拉到"共创"的场域中来，最重要的是要有群体碰撞的氛围。

OKR 共创会第五步：OKR 共创会暖场

现如今，大家使用互联网通信工具的交流越来越多，两个在同楼层办公、相隔很近的同事，过去交流主要是走到对方位置进行面对面交流，再近一些则主要靠嗓子喊，而现在的交流主要靠手，以文字交流居多，当面交流变得越来越少了。而对那些原本就在同一园区不同楼栋或者同一城市不同办公点，甚至不同城市、不同国家的同事来说，这种情况就更普遍了。当走到 OKR 共创会现场时，大家突然都变成了熟悉的陌生人，会有一种生疏的感觉。这种场面会让大家觉得有些冷，它会影响 OKR 共创的质量。因此，在正式进行 OKR 共创之前，必须打破这一僵局，设计一些活动来进行"暖场"，让场子暖和起来，拉近大家的心理距离，增进彼此的信任感。

有很多方式来暖场。下面我举几个我曾用过的暖场的方式。

暖场方式一：极速 60 秒

预先准备好 1 副扑克，只保留数字为 2～9 的牌，去掉花牌 J、Q、K、A 和大小王，这样一副扑克就还剩下 36 张牌，足够 40 人左右的共创会现场使用。如果你的 OKR 共创会参与人数超过 40 人，那么可以再增加 1 副扑克，不过我不建议有超过 40 人参加共创会，那样共创现场会非常繁杂，碰撞质量也会受到影响。

- 当大家分组坐好后，随机给每人发一张扑克牌，让大家把扑克牌盖在自己坐的位置的桌子上（数字面朝下）。
- 发完扑克牌后，全体起立，手拉手开始围绕桌子绕圈走，直到主持人喊停。
- 听到主持人喊停时，参会人员在所站处就近找位置坐下，并翻开盖在桌上的扑克牌，记住自己的扑克牌数字。
- 给大家60秒的时间进行交谈，要求记住组员的名字、出生地以及他手上的扑克牌数字。
- 60秒时间到后，主持人喊停，全场立即停止交谈，不能发出任何声音，大家把扑克牌有数字的一面盖在桌上。
- 主持人从每组抽1个数字作为幸运数字，持有该幸运数字的组员，按数字由小到大的顺序（如2-3-3-4-5-7…）依次说出本组组员的名字和出生地，被报到名字的组员把扑克牌交给主持人。
- 对于全答对的组员，赠送一个小礼物表示鼓励。

根据我的经验，这个"极速60秒"游戏能让场子迅速暖起来。原因有以下3点。

第一，大家有起立、手拉手的动作，肢体的接触拉近了彼此的距离。

第二，大家绕桌子转圈，走动的过程本身就在活络筋骨，而且会发出会心一笑，对共创会场子有预热的效果。

第三，给大家交谈的时间只有60秒，60秒内不但要记住本组组员的姓名和出生地，还要记住他手中扑克牌的数字，如果一组人数有8个人，这是非常有挑战性的，会瞬间激发大家快速了解他人和记住他人的冲动。场面一下子就火热起来了。

"极速60秒"尤其适合参加OKR共创会的参会者彼此之间缺乏面对面接触的场景，如果大家平时天天在一起，对彼此也有比较深的了解，可以再做一些改造。比如，要求记住大家的星座、最爱吃的一道菜、进公司的日期、曾经工作过的公司名称（或者毕业学校）等，其目的是进一步拉近大家的距离，让场子暖和起来。

暖场方式二：涂鸦团队

事先对参会者进行分组，给每组发放几张 A1 大白纸，以及一包彩色白板笔。

当大家分组坐好之后，让大家在大白纸上画一幅能代表他们心目中共同的大团队形象的图，可以是动物如大象、蚂蚁等，也可以是植物如橡树、松树、莲花等，还可以是人物如奥特曼、哈利·波特等。要求这幅图必须每个人都有贡献，可以用不同色彩的笔代表不同参会者，以示区分。

给大家的时间是 5 分钟。

时间到后，依次要求各组全组上场，把他们的涂鸦贴在台上，全组组员面向其他参会者站立，给每人 15 秒解读他们组的涂鸦（注意：时间到后严格停止发言）。

所有组都解读完毕之后，给每人发 2 个投票帖，让他们选出认为画得最好、解读得最形象的组，只能投其他组，不能投自己组。

投票帖最多的组获胜。

"涂鸦团队"活动比较适合产品、技术类以理性思考为主要工作的参会者群体。他们的日常工作中，理性思考居多，感性思考不足。而 OKR 的共创需要大家敢于想象，尤其是 O，需要大家首先点燃自己，有一些理想主义成分。"涂鸦团队"活动可以充分地激活大家的右脑，使其暂时从理性切换到感性，为后续的 OKR 共创做暖场。

"涂鸦团队"活动还能让场子暖和起来，每组成员不光要涂鸦，还要讨论彼此分工，讨论上台发言时每个人依次说什么，以充分利用每人 15 秒的发言时间，把本组的涂鸦解读到位。每个组解读时，台下会有不少欢声笑语，场面一下就热起来了。

最后，投票环节让大家走到台上，通过把大家集中到台上的方寸之间，可以让大家走得更近，像赶集一般，这再次让场子热闹起来，达到了暖场的目的。

暖场方式三：围大圈

这个游戏需要共创会现场有其他开阔地带供大家活动。当大家坐好后，主持人宣布活动规则：

以组为单位，用组员身上一切可以用的物件围成一个大圆，你认为你们组能围多大（半径）？请先设定你们组的目标。

目标（半径）：_____米

设定目标后，开始围圈。大家有 1 分钟的时间进行围圈，1 分钟后开始测量。

主持人在游戏结束后测量大家实际围出的圆圈的半径，并在讲台白板上统一展示各组的"目标半径"和"实际半径"两个数据，如表 3-7 所示。

表 3-7　各组围圈的目标半径和实际半径对照表

组别	目标半径（米）	实际半径（米）
第 1 组		
第 2 组		
第 3 组		
……	……	……

这个暖场活动是匹配 OKR 的场景而设计的。很多管理者在设定目标时，担心无法达成，通常比较保守，设定一个稳妥可行却不够有挑战性的目标。而实际上，最终达成的结果要远超这一目标值。如果在一开始就敢于设定挑战目标，那最终达成的结果也一定会更好。根据我过去引导大家做这个活动的经历，我发现，整体上目标设得越高的团队，拼出的圆圈越大。那些设定了极高挑战目标的组，会用尽一切办法去拼大圈，他们会把

自己身上的鞋带、腰带、围脖、外衣……一切能用上的物件都用上,然后组内每个人再手脚相连,用人体组成圆圈的另外一部分,最终拼出一个非常大的圆圈。这里只有你想不到,没有大家做不到。

这个环节会充分释放大家的想象力,大家也会围绕一个目标彼此充分互动,并通常会产生肢体接触,从而拉近彼此的距离。通过这个活动,最终实现两个目的:

第一,只要敢挑战,结果一定超出想象。

第二,让组员通过肢体活动及彼此交流,增进彼此的熟悉度。

暖场方式四:背靠背

阿里巴巴一个朋友向我咨询OKR时,我问过她一个问题:你在你的团队引入OKR的目的是什么?她毫不犹豫地回答我说,希望OKR能更好地促成多团队协同。事实上,和她有一样想法的朋友不在少数,大家都看中了OKR的协同功用。

但问题是,怎么在OKR共创会前,让大家认识到协同一致的重要性,把大家带到协同的场域呢?

谭志远在《团队游戏:创建高效团队的110种游戏》一书中介绍的"背靠背游戏"[25],可以很好地达成这一目的。我对这一游戏略做改动,变成了下面这样:

首先,在会议室预留一定的空余空间。

然后,把参会人员按5～8人分成组。

完成分组之后,主持人把大家引导到预留的空余空间,要求大家背靠背席地而坐,双腿伸直贴在地板上,然后让大家起立。

接着,主持人让大家再次彼此背靠背席地而坐,坐好后要求大家手挽手将彼此连接成一个面朝外的整体。

之后,主持人告诉大家:"你们的目标是,在听到主持人喊'开始'

的口令后,整个组用尽可能短的时间全部站立起来,用时最短的组获胜。游戏过程中彼此之间的手不允许松开,必须挽着左右同伴的手。"

在确认大家都已按要求背靠背、手挽手坐好后,主持人拿出计时器,发出"开始"指令,并统计每组用时。

游戏结束后,主持人宣布比赛结果,并从每组挑一个组员,请他分享游戏的感受。

这个游戏的难度会随着每组人数的增加而增加。大家会感受到,自己一个人时,起立是再自然不过的一件事,不费吹灰之力。然而,在大家彼此连接形成一个整体后,如果不同步行动,一起起立,任何一个人都无法带动全组完成"起立"这个目标。这充分体现了大家基于目标步调一致、充分协同的重要性。这个简单的"背靠背游戏",可以把大家快速带到"协同"的场域,为后面正式的 OKR 共创做好铺垫。

暖场方式五:心理破冰

在有的情形下,团队可能在过去遭受了一些挫折,吃了一些败仗,导致大家士气低落。这个时候,不要回避这一现状,急于开展后续的 OKR 共创,而应花点时间,帮助大家做一次心理破冰,让大家把心中的困惑说出来,打开大家的心结。

怎么做呢?

可以给大家设置一个小小的研讨环节,让大家分享对下述问题的回答。

- 问题 1:我们这群人为什么**还要在这里**?我们为什么还没有解散?
- 问题 2:为什么是**我们这群人**在这里,而不是别人?
- 问题 3:为什么是**我**在这里?

这几个问题非常直接,直指心门。大多数时候,当你把这些问题直接摊在桌面上来讨论,而不是藏着掖着时,大家反而会更积极地思考自己还能做些什么，相互激发，点燃全场。

一个参会人员这样说：

虽然我们过去一年的工作推进得并不尽如人意，这也让我有点小小的失落，但我后来意识到，这是在当前背景下公司最有可能实现破局的产品，它直接决定着公司其他产品的发展方向，它代表着公司的未来，是我们不得不攻破的方向，是我们不得不啃的"硬骨头"，是一场攻坚战。如果我们现在就放弃，相当于我们提前把公司送进了坟墓。

我们在去年打了一场艰苦卓绝的仗，虽然进展还不那么明显，但我们已经摸出了一些门道，知道哪些是我们不可为也不能为的，哪些是我们大有可为的。现在，我们这群人已经不再是一年前的那群新兵，而是身经百战的沙场老将了。也许去年竞争对手对我们还可以不屑一顾，但今年它一定不敢再小觑我们。

我对这个产品是有感情的，它记载着我在过去一年的无数个日夜里和大家一起战斗的"革命情谊"。我对这个产品也是有梦想的，我希望能用我的专业积累，帮助打造出一款有真正技术壁垒的下一代产品。

他的上述分享非常鼓舞人心，一下子拉升了全场的能量。当所有参会人员都分享了自己心中所想时，就会真正地实现心理破冰，让大家形成一个命运共同体。做到了这点，后续的 OKR 共创活动就会水到渠成。

OKR 共创会第六步：OKR 赋能

暖场活动结束后，氛围和能量值一下就起来了。一般情况下，大家都处于亢奋状态。这个时候，就可以开始正式的 OKR 共创环节了。

然而，由于 OKR 是一个新工具、新方法和新理念，因此在正式进行团队的 OKR 共创之前，还需要统一大家对 OKR 工具的理解，告诉大家 OKR 的结构是什么，理念是什么，以及好的 OKR 长什么样。这样可以避免大家在 OKR 研讨时各说各话，难以达成一致的情况。

根据我的经验，一次成功的 OKR 赋能包括如下几个部分。

- 简要介绍 OKR 在国内头部企业的应用情况，包括华为、字节跳动、百度、阿里巴巴等公司。这部分的目的是引发管理者的兴趣，告诉他们，OKR 已成为一种通用管理趋势，它不是我们一时头脑发热想出来的。这部分可参考本书的第 1 章。

- 介绍 OKR 的三层结构：O、KR、Action。O 是方向，要说出价值和意义；KR 是度量衡，要清晰地指明实现到什么程度或达成什么结果，尽可能量化；Action 是关键举措，是对 KR 的展开。这部分可参考《绩效使能：超越 OKR》一书，书中有关于 OKR 的更详细的框架介绍，或者也可以参考我翻译的《OKR：源于英特尔和谷歌的目标管理利器》一书，这里不再展开。

- 列举若干好的 OKR 案例，建议除通用案例外，再匹配业务场景去举几个例子。我一般会举一个娱乐化的案例，例如"西天取经"的 OKR 案例，再举两三个匹配业务场景的 OKR 案例。如果团队是金融属性的，那就举金融属性的案例；如果团队是技术属性的，那就可以举字节跳动、谷歌的 OKR 案例；如果团队是产品属性的，那就可以举微信、华为手机的 OKR 案例。关于 OKR 更多案例，可参考本·拉莫尔特的新书《OKR 教练实战手册》，该书中译本已由机械工业出版社出版。拉莫尔特在该书中给出了非常多的 OKR 案例。

- 在介绍完 OKR 案例后，告诉大家，好的 OKR 要遵循 CLASSIC 标准，这部分已在第 2 章中做过介绍。

- 在介绍完 OKR 是什么之后，接着介绍 OKR 的工作理念。OKR 强调设定挑战目标、目标公开、目标不作为考核的直接输入（即不考核 OKR 完成率）、自下而上制定与自上而下输入相结合、敏捷等特点。这部分的更详细信息也可参考《绩效使能：超越 OKR》一书，书中对 OKR 理念做了十分详尽的阐述。

- 介绍 OKR 共创会七原则。

  原则一：一起跳出来。跳出各自岗位假设，无论你负责哪个领域，在共创 OKR 时，大家是一个大团队，共创的是大团队的 OKR，你应当站在整个大团队负责人的角度去思考 OKR 应当是什么，而不是站在自己小团队的角度去思考。

  原则二：先 O 后 KR。先讨论清楚 O 后再讨论 KR，不要急于定义 KR。如果 O 没有讨论清楚，讨论 KR 就是一种浪费，方向错了，做再多努力也只会让我们在错误的方向上越走越远。

  原则三：团队价值最大化。基于整个大团队的需要思考如何实现价值最大化，从这个角度去定义 O，不要仅仅基于当下的能力假设去定义 O，这样会束缚自己。如果最终大家都认为一件事很有价值，是非做不可的，或许就要去增加资源投入，而不是基于现有能力去缩减价值、降低目标。

  原则四：敢于碰撞和激荡。当有不同意见时，要坦诚地表达出来，及时碰撞才会产出高质量的 OKR。"没有问题就是最大的问题""真正有效的帮助是问出高质量的问题""和谐的团队没有未来"。

  原则五：使用开放式而非封闭式的语言。尽可能少说"这行不通"，更好的方式是说："我还没想明白为何这能够行得通，你能补充更多信息吗？"

  原则六：平等参与。当你走进共创会现场时，无论你是高层管理者、中层管理者还是基层管理者或者核心骨干，一人只有一票投票权，你和大家没有高低之分。共创会上所制定的 OKR 是团队的集体建议，最终决定权保留在共创会之后，由大团队负责人做出。

  原则七：让子弹飞一会儿。作为团队负责人，如果你决定接受或否决某项建议，应当让其他团队成员知道你背后的思考。在某些情况下（使命、愿景、战略等宏观方向上），直截了当地陈述你的意见并获得反馈是可行的；在另外一些情况下（关键成功因素、障碍、策略或具体行动），给其他团队成员一个首先形成自己意见的机会，只有当他们无法做到这一点时，才提出你的意见，这样做会更好。大多数时候，团队负责人要尽量避免成为第一个、第二个甚至是第三个回应者，可以让子弹先飞一会儿。

- 最后介绍 OKR 一般的来源有哪些。我通常会告诉大家，OKR 有两个来源：一是上级组织的战略输入，二是团队自身的洞见。只有上级输入的 OKR，只是在完成上级分配的任务，算不上真 OKR，真 OKR 还应有团队的独特洞见做补充。真 OKR 是自上而下的战略输入 + 自下而上主动想做的增量目标。

OKR 共创会第七步：业务背景输入

OKR 赋能部分完成后，就可以邀请大团队负责人上台，对大团队过去一段时间的表现做一个小结，并分享他对大团队未来要去向哪里的一些思考。需要注意的是，这里分享的是思考，而非指令，如果大团队负责人把他对未来要做什么的思考变成了未来必须要做什么的指令，就会限制他的下属的思考力，大家就不会再去突破，共创也就创不出什么了。大团队负责人还可以分享他对这次 OKR 共创会的一些预期，打消大家的一些顾虑，给大家打气，以促成更高质量的共创产出。

OKR 共创会第八步：O 研讨

大团队负责人完成信息输入后，就可以正式开始 O 的共创了。

为了确保大家在 OKR 共创会上有高质量的研讨，我一般会在正式共创会前，让大家先有一个初步的思考，提交一个团队 OKR 初稿。具体来说，我会给大家发一个"团队 OKR 共创蓝图"（见表 3-8），让大家在会前提交初稿。

表 3-8　团队 OKR 共创蓝图

站在主管及上级组织（中心/部门）的角度，团队在未来半年/1年还需要在哪些方面实现更大突破才会点燃你？	
1.	
2.	
3.	
从过去半年/1年团队业绩完成情况来看，目前我们面临哪些挑战，又有哪些机会点？	
1.	
2.	
基于上述思考，我认为团队在未来半年/1年如果能实现如下 3～5 个 O，会让我们所有人备受鼓舞：	
O	信心指数（0～100%）
O1:	
O2:	
O3:	
O4:	
O5:	

在获得团队成员的"OKR 共创蓝图"反馈后，我会将"蓝图"汇集后提前发给大家，让大家在会前提前了解其他同学的思考，相互启发。

这样，当大家正式进行 O 的共创时，他们是有思考的，避免了大脑一片空白就直接进入共创。在来到共创会前，大家可能对 OKR 的理解五花八门，但这并不重要，重要的是大家有一个提前思考的过程。经过前面的 OKR 赋能以及大团队负责人的输入之后，他们会刷新自己过去的思考，更新迭代他们的"蓝图"。

组内 O 的共创采用 3D 法进行。

（1）Draft（草图）：请所有参会者结合前面的 OKR 赋能，以及他们事先提交的"OKR 共创蓝图"再独立思考 10～15 分钟（具体时间长短可根据需要调整，如果大家事前的思考不充分，该部分时间可以再加长，否则可适度缩短）。很多时候，在共创会参与人群中，有人喜欢滔滔不绝，也有一部分人习惯沉默寡言。为了避免大家在正式讨论前没有认真思考，导致后续讨论环节被少数有思考的人主导的情况，Draft 环节至关重要，要确保所有人都事先有思考，有的引导师把这一阶段称作"静默式头脑风暴"。我认为这一叫法十分贴切。

（2）Discussion（讨论）：小组成员在组内轮流向其他成员介绍自己的"OKR共创蓝图"，分享的时候除了分享他所认为的O是什么以外，还应介绍他的思考过程，即为什么会提出这几个O。在介绍过程中，其他组员如果有疑问可以进行提问澄清，以确保真正理解了其他组员的O。

（3）Define（定义）：在小组成员都介绍完毕之后，大家要进行充分的讨论。大家提出的这些O中，有哪些是达成共识的？有哪些还没有达成共识？没有达成共识的原因是什么？是否有这些O就足够了？还有哪些点需要这个大团队去突破，从而应该被增加到大团队的O中去？这些问题都要被充分讨论到。最后，小组要确定他们所认为的大团队最重要的3～5个O是什么，在大白纸上输出。

在这一步共创讨论时，可以把OKR的CLASSIC标准打印出来，分发到每个组中，以供他们共创O时参考。另外，我通常会给他们几个好的O的示例，让他们有一个直观感觉。

O示例如下。

O1：打造印度版亚马逊电商产品，占领印度市场

O2：实现X产品在功能上首次追平竞争对手，为下一步实现超越和引领奠定基础

O3：重塑国内电商产品的用户心智，实现从"便宜货"到"便宜好货"的用户心智转变

O4：帮助公司多赚1元钱，从成本中心转化为利润中心

在各组共创输出O的时候，一定要留足时间，让大家充分对话，让各种想法充分激荡。

当所有组都生成了他们达成共识的O之后，接下来就进入分享环节，小组派出自己的分享代表，向其他组介绍他们组的O是什么。在分享的过程中，其他组可进行提问，以确保真正理解了该组的O。

由于每个组都分享了 3～5 个 O，所有组汇集起来，就会远远超过 5 个 O。因此，接下来需要做 O 的收敛。

首先，对所有 O 做合并同类项处理：这些 O 中，有些只是表达方式不一样，本质上是相同的，把它们归为一类。通常，经过归类处理后，O 的数量就会大幅下降。

做了归类处理后，把这些 O 张贴在讲台上。给每人 3 张投票帖，让他们走到台上，给他们认为最能代表团队接下来要做的方向的 O 投上一票，每人最多可以投 3 票，可以投自己组也可以投其他组，但不能完全投给自己组，一定要有至少一票投给其他组。也就是说如果你投一票，那就只能投给其他组；如果投两票，可以自己组和其他组各投一票，或者两票都投给其他组；如果投三票，自己组可以投 1～2 票，其他组可以投 1～3 票，这样做是为了避免大家产生本位主义，把票都投给自己组。

投票之后，就可以把 O 大致分为三类了，如表 3-9 所示。

表 3-9　OKR 共创榜

重点考虑 O	待定 O	不考虑 O

对于这些 O，如果有 80% 以上的参会者都赞同，则放入"重点考虑 O"一列；如果只有不足 30% 的人赞同，则列入"不考虑 O"一列；其余放入"待定 O"一列。

接下来进行第二轮讨论：在"待定 O"一列，有哪些 O 是非常重要，在接下来的这个 OKR 周期中不应该被大团队放弃的？为什么？仍以小组讨论的方式在组内讨论。假定在"重点考虑 O"一列已经有 N 个 O 了，那么这轮讨论就需要从"待定 O"中筛选识别出至多 $5-N$ 个 O。如果 N 已经大于等于 5 了，大家则可以讨论是否有要从"重点考虑 O"中替换掉的 O。

小组讨论之后，仍以组为单位上台分享他们的讨论结果。每组讨论完之后，检查大家是否有高度达成共识的 O，如果有，则加入"重点考虑 O"一列。如果没有，则说明大家依旧没有达成共识，这个时候可以邀请大团队负责人上台给出一些输入，他也可以给出一些他的判断，以决定该环节是否需要继续讨论、碰撞。一般情况下，这种高度分散的情况是少见的。一般在进行第二轮讨论时，团队的 O 已经成形了，"重点考虑 O"一列下至少会有 3 个以上的 O 是大家高度达成共识的。如果大团队负责人认为 3 个或者少于 3 个 O 已经足够了，那么就不用非要讨论出 5 个 O 来。具体需要讨论出多少个 O，可以请大团队负责人根据现场大家的研讨，以及他对期待团队未来要做的事的思考，做一下取舍。如果大团队负责人认为要 3 个 O，但现场其他管理者认为 3 个不够，这时大团队负责人就需要讲出这背后的思考，说服大家，而不是靠行政命令手段，以避免破坏共创氛围。

当 O 达成共识以后，就可以基于原有的职责分工，确定谁最适合带领大家接下来去做这个 O 的 KR 的研讨，选定他作为 KR 研讨负责人。一定要选最懂这个 O 的业务的管理者，这样才能确保其 KR 的质量。

一个案例

一次，我参加了一个技术团队的 OKR 共创会，与会人员被分成了 3 个小组，每个组输出了 3 个 O，最终他们一共输出了 9 个 O。

O1：运维自动化率达到 60%

O2：实现年度故障清零

O3：模块解耦达到 40%

O4：实现存储规模提升 30%

O5：推出更多收费服务，如代理模块产品化

O6：提升数据安全性至 99.99%

O7：性能全面超越竞品，达到国内第一

O8：打造公司年度质量最好的产品

O9：产品自治能力达到 level 3（全面自动化）

很显然，在接下来的半年里，他们不可能同时做这 9 个 O，他们得做取舍，把精力聚焦在最重要的 3 个 O 上。于是，他们发起了一轮投票。每个人手里拿着 3 张投票帖，可以选择他认为最重要的 O 进行投票，至多只能选 3 个 O，而且每组成员在投票时，不能只选择本组研讨生成的 O。最终投票结果如表 3-10 所示。

表 3-10　O 投票结果

O	投票数
O1：运维自动化率达到 60%	3
O2：实现年度故障清零	1
O3：模块解耦达到 40%	0
O4：实现存储规模提升 30%	2
O5：推出更多收费服务，如代理模块产品化	1
O6：提升数据安全性至 99.99%	0
O7：性能全面超越竞品，达到国内第一	4
O8：打造公司年度质量最好的产品	3
O9：产品自治能力达到 level 3（全面自动化）	1

这样，如下 3 个 O 就初步入选了。

O1：运维自动化率达到 60%

O7：性能全面超越竞品，达到国内第一

O8：打造公司年度质量最好的产品

接下来，大家再次讨论，以确认这个投票结果是否确实完备地反映了团队接下来的重点工作方向，有没有遗漏。同时，对照 OKR 的 CLASSIC 标准进行了自检，发现有些 O 的描述更像 KR，例如"运维自动化率达到 60%"。大家对这 3 个 O 进行了完善，生成了团队最终的 3 个 O。

O1：产品自治能力全面达到 level 2（部分自动化），布局 level 3（全

面自动化）

O2：产品与平台性能超越竞品，成为国内第一

O3：打造公司年度质量最好的产品

O 共创场景下一些好的引导问题

在 O 的共创环节，通过问大家一些好的问题，启发他们更深入地思考他们要什么，从而制定出高质量的 O。常见的提问如下：

- 你们现在面临的最大的瓶颈或挑战是什么？当这些瓶颈或挑战得以解决后，你们的组织会因此而与现在有什么显著不同吗？
- 你们最希望解决什么问题？在资源有限的情况下，如果只能选 2～3 个问题去突破，你们会选哪 2～3 个？
- 你们的团队准备如何影响公司的战略？对公司的战略重点有哪些贡献？
- 当达成你们现在制定的这个目标后，客户会因此而得到什么新的价值？公司会因此而有什么不一样吗？
- 你们如何在 1 分钟内向你们的合作伙伴或团队的新员工解释清楚你们团队的目标，并点燃他们？
- 设想在这个季度结束时，要达成什么成果你们才会因此而骄傲和自豪？

OKR 共创会第九步：KR 研讨

整体上，KR 研讨的步骤与 O 类似。当 O 的 KR 研讨负责人选定之后，他可以进行组队，选定最懂这块业务的其他管理者加入他的研讨队伍，和他共创 O 的 KR。如果有些管理者被 2 个 O 高度依赖，则可以在分组后，让他们同时研讨 2 个 O 的 KR，以确保他们被充分利用。

研讨仍然可以采用 3D 法。

（1）Draft（草图）：首先请所有小组成员思考，要实现这个 O，需要做到什么程度？交付什么结果？KR 一定要尽可能做到有挑战性且可衡量。

（2）Discussion（讨论）：小组成员在组内轮流向其他成员介绍自己思考的 KR，分享的时候除了分享他所认为的 KR 是什么以外，还应介绍他的思考过程，即为什么会是这些 KR。在介绍过程中，其他组员如果有疑问可以进行提问澄清，以确保真正理解了该组员的 KR。

（3）Define（定义）：在小组成员都介绍完毕之后，大家要进行充分的讨论。大家提出的这些 KR，有哪些是达成共识的？有哪些还没有达成共识？没有达成共识的原因是什么？这些 KR 是否能完备支撑 O 的达成？还有哪些点没有被考虑到，从而应该被增加到 KR 中去？这些问题都要被充分讨论到。最后，小组要确定他们所认为的这个 O 的最重要的 3～5 个 KR 是什么，以及实现这些 KR 的信心指数如何。一般来说，如果觉得这个 KR 大概率能够实现，就可以把它的信心指数标为 90%，如果觉得只有一半的可能性达成，那就把信心指数设置为 50%，以此类推，KR 和信心指数均须在大白纸上写出来。

讨论完成后，每个组轮流上台展示和分享他们负责的 O 的 KR，其他组可提问澄清，以确保真正理解了这些 KR。其他组可以帮助他们检查：KR 是否符合 CLASSIC 标准（真 OKR 的 CLASSIC 标准在第 2 章中有详细介绍）？

一般情况下，相比 O 而言，KR 的研讨速度要快很多，大家很容易就达成一致。当然，也有可能有些 KR 的具体数值需要在会后确定，这部分可以留至会后完成。

一个案例

还是以上面的技术团队作为例子。技术团队在上一轮生成了 3 个 O。

O1：产品自治能力全面达到 level 2（部分自动化），布局 level 3（全

面自动化）

O2：产品与平台性能超越竞品，成为国内第一

O3：打造公司年度质量最好的产品

接下来大家要讨论细化这些 O 的 KR。在第一轮讨论中，2 个小组最终生成的 KR 如表 3-11 所示。

表 3-11 第一轮讨论生成的 KR 汇总表

O	KR
O1：产品自治能力全面达到 level 2（部分自动化），布局 level 3（全面自动化）	KR1：产品故障恢复模块高可用性 KR2：上线知识库 + 决策系统 KR3：数据库智能性能调优工具产品化 KR4：参数调优 KR5：索引推荐
O2：产品与平台性能超越竞品，成为国内第一	KR1：发货速度优化，实现秒级发货 KR2：产品故障恢复速度提升 60% KR3：链路延时 <0.3 毫秒（原 0.6 毫秒） KR4：代理性能及扩展能力提升 30% KR5：平台性能优化 KR6：管控核心流程优化（发货、备份、回档，高可用性）
O3：打造公司年度质量最好的产品	KR1：故障恢复模块稳定性高 KR2：升级对账系统 KR3：日志模块打通 KR4：应用接口调用成功率提高 KR5：年度故障为 0 KR6：5 级故障数 ≤ 2 KR7：产品可用性达到 5 个 9（出错率 0.001%） KR8：流程成功率达到 99%，备份成功率达到 99.995%

很显然，KR 不符合真 OKR 的 CLASSIC 标准中的"五四原则"，KR 数需要精简。于是，通过第二轮讨论，最终生成的 KR 如表 3-12 所示。

表 3-12 第二轮讨论生成的 KR 汇总表

O	KR
O1：产品自治能力全面达到 level 2（部分自动化），布局 level 3（全面自动化）	KR1：完成数据库智能性能调优工具的产品化 KR2：启动事中分析、事前拦截，实现产品化 KR3：引进 5 位机器学习领域专家 KR4：治理能力全面达到 level 2

（续）

O	KR
O2：产品与平台性能超越竞品，成为国内第一	KR1：实现原地升级，单表回档速度提升 5 倍 KR2：实现秒级发货和秒级备份 KR3：实现代理性能及扩展能力提升 30% KR4：链路延时控制在 0.3 毫秒以内
O3：打造公司年度质量最好的产品	KR1：5 级故障数 ≤ 2 KR2：实现备份成功率 99.995% KR3：实现流程成功率 99% KR4：产品可用性达到 5 个 9（出错率 0.001%）

KR 共创场景下一些好的引导问题

在共创 KR 时，同样可以通过问一些富有启发性的问题，促成大家深度思考，从而制定出高质量的 KR。常见的提问如下：

- 如果让你用 1 个指标来衡量 O 是否已经达成，你会选什么样的指标？收入？利润？月度活跃用户数？还是新用户数？
- 客户的哪些指标对我们的业务来说至关重要？是浏览量、浏览时长、交易量、交易金额，还是其他什么？
- 客户哪些行为上的改变，对达成我们的 O 来说是至关重要的？是浏览的品类改变了？还是浏览的单品时长改变了？抑或其他什么？
- 如果我们实现了这个 O，对我们来说，我们能感受到客户哪些体验或行为上的变化？如何衡量？
- 我们团队在实现这个 O 上的优势是什么？
- 如果让我们组织中最优秀的人来做这个 O，他会采用哪些与众不同的方式来做？如何衡量他做得好还是坏？
- 在达成目标的过程中，我们可能会遇到什么障碍？如何克服这些障碍？

OKR 共创会第十步：生成 OKR 大图并明确下一步规划

至此，大团队的 OKR 已经基本完成了，还剩下最后一步：把第九步中大家讨论的各个 O 的 KR 再放在一起去审视，并标识出如下 3 个信息，最终形成团队的 OKR 大图：

- KR 的主要责任方是谁？
- O 下的 KR 与 KR 之间的依赖关系是怎样的？
- O 下的 KR 对外部哪些团队还有依赖？

在完成这些信息的标识之后，整个 OKR 的共创过程才算结束。在这一步中，可以邀请大团队负责人上台一起去确定，其他团队负责人可以现场补充。最终生成的 OKR 大图如图 3-9 所示。

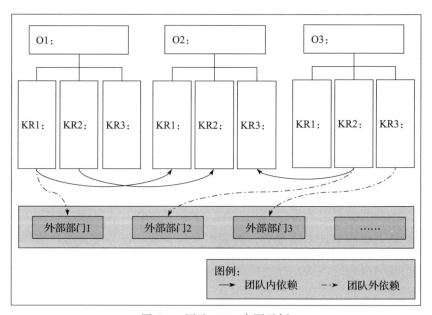

图 3-9　团队 OKR 大图示例

完成上述步骤之后，OKR 共创会就正式结束了。在共创会的最后，建议和大家说明下一步行动计划：

（1）大团队的 OKR 共创出来之后，各个小团队还需要采用类似的方式去生成各自团队的 OKR。

（2）小团队的 OKR 要列出对大团队的 OKR 做了哪些承接，以及小团队的 OKR 对其他团队有哪些依赖，把握手关系梳理清楚。

（3）小团队的 OKR 生成之后，还会再安排一次 OKR 握手会，让小团队之间的 OKR 充分握手。

在这之后，建议让大团队负责人做最后的总结和收尾，谈一谈他对大家今天共创出来的 OKR 的看法，以再次鼓舞团队所有管理者的士气，点燃大家，形成一种志在必得、誓要打赢这几场 OKR 之仗的决心和热情。

OKR 共创引导师可以配合播放一些有战斗氛围的激情音乐，还可以在最后设计一个小小的结束仪式。例如，如果最终大家生成的是 3 个 O、9 个 KR，那么可以建议全体起立，在激昂的音乐声中，奔跑 39 秒，在 39 秒到后，一起呼喊"OK、OK、OKR"，形成全场的大高潮，在奔跑和呼喊声中结束大团队的 OKR 共创。

开好 OKR 握手会

大团队的 OKR 生成之后，接下来各个小团队就可以开始分头去行动了。以上面提到的公司—事业群二级组织来说，先是公司层面参照上面 OKR 共创会的步骤生成公司层面的 OKR，接着事业群层面也参照上面 OKR 共创会的步骤生成事业群层面的 OKR。

然而，各个事业群在制定 OKR 时，是各自独立制定的，这里就存在如下几个问题：

- 我的事业群的 OKR 需要和其他事业群的 OKR 握手怎么办？
- 其他事业群的 OKR 需要和我的事业群的 OKR 握手怎么办？

所以，接下来还需要有一个 OKR 握手会环节，把各个事业群召集到一起，让他们的 OKR 在这个会上充分握手、达成一致，以促成目标层面的充分协同。

OKR 握手会怎么开呢？根据我的经验，要开好 OKR 握手会，需要做好如下四个步骤。

第一步：通晒各事业群分别制定的 OKR

各事业群在制定其 OKR 时，需要明确如下信息：

- 注明事业群的 OKR 承接了公司哪一个或哪几个 KR。
- 注明每个 O 的责任人是谁。每个 O 尽可能确定唯一责任人，以避免责任分散的情况，人人负责就是无人负责。
- 注明每个 O 的信心指数是多少。100% 表示完全有信心达成；70% 表示大概率能完成，但仍有一些担心；50% 表示有一半的信心达成，成功和失败的概率各一半；0 表示完全不可能达成。
- 每个 KR 注明唯一责任人，以及要投入哪些成员一同参与，并注明这个 KR 的计划完成日期。
- 注明每个 KR 需要同哪些外部团队进行握手，以及详细的握手点是什么，以便于外部团队了解这个 KR 对它的需求和依赖点是什么。

需要注意的是，事业群在完成 OKR 之后，建议采用真 OKR 的 CLASSIC 标准去做一下自检，以确认 OKR 是否符合要求。各个事业群的 OKR 可采用如表 3-13 所示的模板进行制定。

表 3-13 事业群 OKR 制定模板

承接 O：							
O			责任人		信心指数		%
KR	KR	KR 责任人		完成日期	握手方	详细握手点说明
		责任人	成员			
KR	KR1：						
	KR2：						
	KR3：						
	KR4：						

在收集完各个事业群的 OKR 之后，可以把它们汇总在一起，作为一

个整体再发回给各个事业群，让他们了解其他事业群的 OKR 是什么，以及其他事业群的 OKR 对他们有哪些握手诉求，请他们先行确认：

- 他们对哪些握手点表示认同和接受？
- 他们对哪些握手点还有疑问，需要进一步澄清？
- 他们对哪些握手点表示不认同，不准备接受？

需要把这些信息记录下来。

第二步：OKR 横向握手

接下来就可以正式召开 OKR 握手会了。

在 OKR 握手会上，先请每个事业群的总裁逐一讲解他事业群的 OKR 是什么，为什么是这些 OKR，他背后的思考过程是怎样的，对其他事业群有哪些握手诉求。

每个事业群总裁介绍完各自的 OKR 后，其他事业群可提问澄清，以确保能充分理解该事业群的 OKR。对于该事业群提出的握手诉求，相关事业群要进行回应：在完整听取了该事业群的 OKR 讲解后，是否接纳其握手诉求，从而形成握手关系？如果不接受，理由是什么？大多数时候，不接受都是出于资源分配紧张方面的考虑，在这个时候，公司 CEO 就要进行决策，是投入更多资源，还是放弃部分机会，收缩一下战场，CEO 需要果断抉择。

第三步：对齐公司 OKR，生成公司—事业群两层 OKR 大图

当各个事业群的 OKR 都充分分享和握手之后，接下来需要回到公司的 OKR 大图上去审视：当所有事业群的 OKR 都完成之后，公司的 OKR 是否可以完美完成？如果答案是否定的，那就说明各个事业群在 OKR 对齐时有遗漏，需要审视遗漏了什么，要对遗漏的部分进行补齐。只有各个事业群的 OKR 加总在一起，超越了公司 OKR 时，事业群的 OKR 制定环

节才算正式结束。

通过与公司的 OKR 再次对齐，最终生成公司—事业群两层组织的 OKR 大图，如图 3-10 所示。

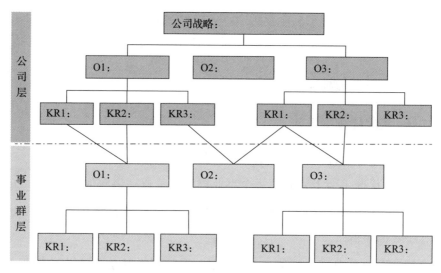

图 3-10　公司—事业群两层组织 OKR 大图

第四步：明确 OKR 使能机制

至此，公司—事业群两层组织的 OKR 制定工作基本结束。接下来，需要明确未来的 OKR 使能机制，以确保公司—事业群两层组织的 OKR 得以顺利开展。

可以在 OKR 握手会的最后，和大家探讨一下，未来公司采用什么样的 OKR 使能机制比较合理。一般来说，如果 OKR 的周期是 3 个月，那么建议采用双周会轻量进展回顾＋月度深度复盘的方式。如果 OKR 的周期是半年，则可以采用月度轻量进展回顾＋季度深度复盘的方式。轻量进展回顾会上，只需要各个 OKR 责任人大致说明 OKR 目前的推进进展，存在哪些风险点。深度复盘则需要系统地回顾 OKR 的具体推进过程，以及过程中的得与失。

总结一下，OKR 握手会的四个步骤如图 3-11 所示。

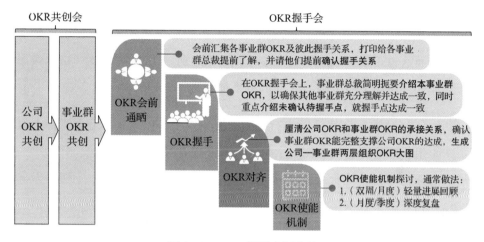

图 3-11　OKR 握手会四步法

形成更大的 OKR 大图

上面只讲述了公司—事业群两层组织的 OKR 如何生成，部门、中心和小组的 OKR 生成方式与之类似，大致遵循相似的过程。严格意义上来说，在公司—事业群的 OKR 大图生成之后，部门需要参照生成部门层面的 OKR，并向上对齐事业群的 OKR；中心需要生成中心层面的 OKR，并向上对齐部门的 OKR；小组则生成小组层面的 OKR，同步向上对齐中心的 OKR。通过一层层向下展开至最小组织单元，直至员工个人，最终形成了公司—事业群—部门—中心—小组—个人六层组织的 OKR 大图，如果战略定得很清晰，那么这将是一棵对齐得很整齐的 OKR 大树，根部是公司的 OKR，叶子是员工个人的 OKR。但大多数情况下，我们并不追求对齐得这么整齐，事实上也做不到。

在 OKR 制定的顺序上，很多时候也是自上而下制定和自下而上制定相结合。有可能部门先制定了部门层面的 OKR，然后公司层面的 OKR 才开始制定。这种情况也是可以的，部门可以先行一步制定出它的 OKR，当公司的 OKR 制定出来后，再去和公司的 OKR 进行对齐并更新，以确保同公司最新的 OKR 保持一致。在急剧动荡的商业世界，唯快不破，谁抢先一步，谁就占领先机，速度为王，不用非要等公司的 OKR 出来后才行动。而这也正是 OKR 与 KPI 的一个显著区别。OKR 不需要严格地像瀑布式那样逐层向下做分解，它提倡自下而上地动态对齐：

- 任何时候，你都可以先行制定你所在组织的 OKR，无须等待上级组织制定好它的 OKR 后才启动你所在组织的 OKR 制定工作。
- 任何时候，当你发现上级组织的 OKR 发生变动时，你应随时做出相应调整以确保与之对齐。

OKR 共创会与 OKR 握手会工作量分析

为了便于读者理解，我把 OKR 共创会分解成了 3 个阶段、10 个步骤。这初看上去有点令人生畏，但实际上，它一点也不复杂。如表 3-1 所示，OKR 共创会 3 个阶段中的前 2 个阶段（共创设计和准备阶段），以及第 3 个阶段的前 2 个步骤，一共 6 个步骤，都由 OKR 共创引导师来完成：

1. 深入了解业务现状。
2. 设计 OKR 共创会方案。
3. 对齐 OKR 共创会方案。
4. OKR 共创会场域布置。
5. OKR 共创会暖场。
6. OKR 赋能。

而这 6 个步骤的完成，是一个娴熟的 OKR 共创引导师的基本功，他主导完成了 OKR 共创会的大部分工作。团队负责人只需要在共创会开始及结束两个环节重点参与。

7. 共创会开始前：业务背景输入。

8. 共创会结束时：生成 OKR 大图并明确下一步规划。

对团队其他管理者来说，则只需重点参与 O 和 KR 的具体共创环节：

9. O 研讨

10. KR 研讨

而这些环节，本来就是团队其他管理者应该完成的。所以事实上，对业务主管而言，OKR 共创会并没有增加他们额外的工作量，主要的工作量由 OKR 共创引导师完成。这也凸显了 OKR 共创引导师这一角色的重要性。一场高质量的 OKR 共创会，离不开一个优秀的 OKR 共创引导师。

关于如何进行 OKR 共创的更多内容，可以参考王洪君的《共创式 OKR 管理》一书，这是国内首本阐述如何将共创技术应用于 OKR 的专著；或者学习林小桢和邹怡的《共创对话：从头脑风暴到决策共识》一书，该书详细介绍了共创引导技术；也可以学习英格里德·本斯（Ingrid Bens）的《大师级引导：应对困境的工具与技术》一书，该书专业地介绍了共创引导场景会面临的诸多现实挑战及其对应解决方案。

在 OKR 共创会之后，可以基于实际需要决定是否组织 OKR 握手会。如果各团队之间只存在少量协同关系或者没有协同关系，OKR 握手会并无多大必要。仅在团队之间存在大量协同关系时，OKR 握手会才变得非常必要。通常，2C 业务相对自闭环，十数人的小团队就可以独立负责一个业务的全生命周期。这与 2B 业务形成巨大反差。2B 业务大多需要采用团队作战模式，每个团队会分担部分职能，同时依赖其他团队的配合，它们只有组合在一起才是一个完整的整体。这种业务属性意味着，相对 2C 业务而言，2B 业务更需要通过 OKR 握手会对齐各团队之间的 OKR 协同关系，否则团队在后续实施 OKR 时就会出现步骤不一致、打乱仗现象。从这里也可以看出，是否组织 OKR 握手会本身是一个业务选择，而不是一个管理选择。具体而言，在OKR握手会的四个步骤中，除第一个步骤（OKR通晒）可由团队HRBP辅助完成外，其他三个步骤（OKR握手、OKR对齐、OKR使能机制），都必须由管理者亲自参与。

OKR的三种对齐方式

下级OKR在同上级OKR进行对齐时，基于下级OKR和上级OKR中的KR之间是一对一部分对齐、一对一完全对齐还是一对多对齐，可将OKR对齐方式分为分解式对齐、等式对齐和多项式对齐三种。

举例来说，公司有如下一个OKR。

O：重塑用户心智，实现从"便宜货"到"便宜好货"的用户认知转变，普惠平台买家

　　KR1：上线"天网"1.0产品，24小时自动秒级巡检60%假冒伪劣产品

　　KR2：输送内外人才建立独立人工审核团队，不让漏网假冒伪劣产品上线超过72小时

　　KR3：发布平台商家经营信用评价体系，完善平台经营生态

　　KR4：畅通用户线上投诉渠道，实行投诉72小时闭环制

方式一：分解式对齐（一对一部分对齐）

为帮助建立公司级独立人工审核团队，公司招聘调配部需要整合分散在各个下层部门的人工审核团队，同时还需要从外部招聘合适审核人才。也就是说，公司招聘调配部可以部分对齐公司OKR中的KR2，然而，公司招聘调配部并不能为KR2中的后半部分（不让漏网假冒伪劣产品上线超过72小时）负责，这部分需要由新成立的独立人工审核团队负责。这种承接就是分解式对齐，公司OKR中的KR2被分解给了招聘调配部和独立人工审核团队两个团队（见图3-12）。

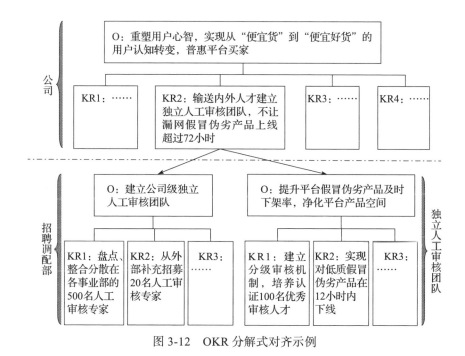

图 3-12　OKR 分解式对齐示例

再举一例。京东平台生态部敏捷转型负责人何留留，一直在京东内部致力于 OKR 的推行。他分享过一个 OKR，就是典型的分解式对齐模式。

京东平台生态部制定了一个如下的 OKR。

O：打造繁荣的平台电商生态

　　KR1：打造平台价值主张

　　KR2：构建自营生态

　　KR3：提升组织协同能力

　　KR4：……

部门的整体目标是打造繁荣的平台电商生态，这个 O 非常宏伟，甚至初看上去有点像愿景而非 O，我把它叫作大 O。这个 O 下包含了若干 KR，出于描述的便利，我只列出了其中 3 个 KR。这些 KR 都没有量化，它们实际上相当于小 O。何留留作为平台生态部的敏捷转型负责人，很显然主要地要对齐 KR3，即如何"提升组织协同能力"。他一共用了如下 3

个O来进行对齐。

O1：通过敏捷能力建设，提高产品、研发、运营团队的产品需求交付效率

O2：OKR工作法落地和执行，保证业务目标高质量增长

O3：提升部门在京东的敏捷影响力，赋能其他部门提升敏捷和OKR的应用能力

这样，何留留的3个OKR完整对齐了京东平台生态部"打造繁荣的平台电商生态"这个O的KR3：提升组织协同能力。对应关系如图3-13所示。

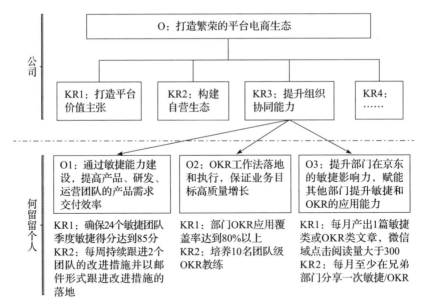

图3-13　京东OKR分解式对齐示例

方式二：等式对齐（一对一完全对齐）

等式对齐是指上级的KR是下级的O，下级的O和上级的KR之间是一对一完全对齐关系。这种对齐颇有些类似KPI的逐层分解，最终形成自上而下逐层一对一分解的OKR关系图。

现在,天网产品开发部要和公司的OKR对齐,由于天网产品开发部的主要职责是开发天网产品,它可以直接把公司的KR1作为它的O进行对齐。

O:上线"天网"1.0产品,24小时自动秒级巡检60%假冒伪劣产品

KR1:开发全网图文检索系统,图文对照精度达到90%

KR2:通过云化部署方式,任意新上线产品的图文检索性能达到秒级响应

KR3:完善AI(人工智能)算法能力,可初步识别60%产品名称与大牌的擦边球现象

KR4:与至少1000家头部品牌商家形成产品互连互通,提升对山寨产品的识别精度

这样,天网产品开发团队的OKR和公司的KR1之间就是等式对齐关系(见图3-14)。

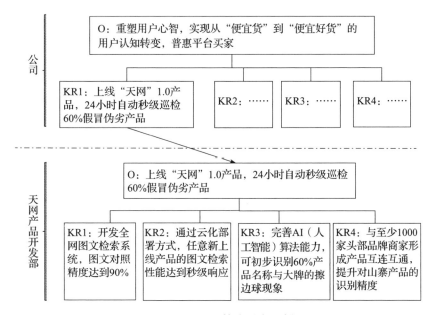

图3-14 OKR等式对齐示例

再举一例。公司人力资源部制定的 OKR 如下。

O：提升人力资源有效性，让人力资源有效支撑业务战略
  KR1：雇用最好的人，打造一流人才梯队
  KR2：创建完善的培养体系，加速人才成长
  KR3：建立有效的激励机制，落地"多劳多得"价值观

整体目标是要让人力资源更有效地支撑业务战略的达成。为此，人力资源部计划从人才引入、人才培养、人才激励三个维度去努力，分别对应三个 KR。可以看到，这三个 KR 都没有量化。细化展开这些 KR 的工作，分别留给了人力资源部下属的三个部门：招聘部、培训部及薪酬部。三个部门分别对人力资源部的 OKR 做了展开，如图 3-15 所示。

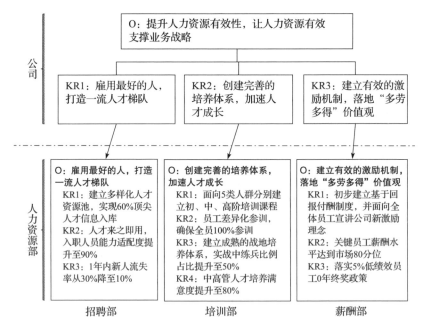

图 3-15　公司人力资源部 OKR 的等式对齐示例

从图 3-15 可看出，人力资源部的每个 KR 都被唯一的 O 完全承接，所以，人力资源部的 O 是按照等式对齐的。

方式三：多项式对齐（一对多对齐）

有时候，下级部门的 O 承接了上级 O 中的多个 KR，而不是完整承接某一个单独的 KR，这个时候，下级部门的 OKR 与上级部门的 OKR 之间就形成了多项式对齐关系。

仍以上面讲述的公司 OKR 为例。公司有一个客户服务部，它的主要职责是处理用户和平台商家之间的纠纷，因此，它需要完善用户在线投诉渠道，确保用户投诉能得到及时处理。但同时，它在处理用户申诉的过程中，能够及时对商家的经营质量进行评判，这能帮助完善公司对平台商家的信用评估机制。这样，客户服务部就可以同时承接公司 OKR 中的 KR3 和 KR4，形成它的新的 OKR。

O：把 2022 年打造成为公司用户体验元年，用户体验做到国内最好

  KR1：新增 24 小时双语在线投诉渠道，做到所有用户投诉 24 小时内有反馈

  KR2：建立优质用户先赔后理机制，提升用户体验

  KR3：与公安形成联动，打掉平台上 80% 骗赔灰黑产业链

  KR4：建立商家补充信用评级办法，对问题商家及时预警及 100% 信用降级处理

在客户服务部的 4 个 KR 中，KR1 和 KR2 是对公司 OKR 的 KR4 的完整承接，客户服务部的 KR3 和 KR4 则是对公司 OKR 的 KR3 的部分承接，如图 3-16 所示。

再举一例。一个事业部制定了如下 OKR。

O：推出一款行业内有足够影响力的产品

  KR1：产品市场占有率在同类产品中进入市场前三

  KR2：产品在新用户群体中 30 日留存率提高至 50%

  KR3：第二季度产品获得权威媒体的报道不低于 5 次

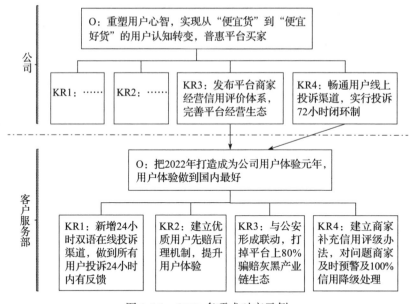

图 3-16　OKR 多项式对齐示例

事业部的目标是在半年内推出一款有足够影响力的产品。什么叫"有足够影响力"呢？KR 进行了定义，就是要进入市场同类前三、新用户 30 日留存率提高至 50%，以及在权威媒体上不低于 5 次报道。应该说这个 OKR 是足够具体的。

现在，事业部下有产品部和营销部，需要承接这个 OKR，它们怎么来承接呢？

- 先来看 KR1：产品市场占有率在同类产品中进入市场前三。一方面打铁还需自身硬，需要有给力的产品，用户愿意用；另一方面，酒香也怕巷子深，还需要营销部的大力营销。因此，KR1 需要产品部和营销部同时承接。

- 再来看 KR2：产品在新用户群体中 30 日留存率提高至 50%。用户是否愿意留存，很大程度上取决于产品的设计，所以这个 KR 主要由产品部承接。

- 最后看 KR3：第二季度产品获得权威媒体的报道不低于 5 次。这属于营销推广范围，营销部当仁不让。

于是，产品部和营销部分别制定了各自的OKR，如图3-17所示。

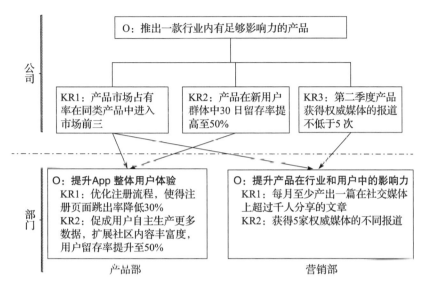

图3-17　某事业部OKR的多项式对齐示例

这样，事业部的OKR，就完整地由产品部和营销部进行了对齐。综观事业部OKR、产品部OKR和营销部OKR三者的关系，是多对多的关系，因此，事业部OKR的承接就是多项式对齐。

超越OKR，拥有小梦想

一般来说，OKR聚焦的周期相对较短，通常介于2个月与1年之间。例如，字节跳动的OKR周期为双月，华为的OKR周期以季度和半年居多，而硅谷公司如谷歌、英特尔等则以季度为周期。这就决定了OKR是动态的，它反映的是组织在因应环境需要敏捷地变化。

此时，如果组织能有一个长期追求，就能有效抵御外部环境的短期动荡。对公司来说，这个长期追求是组织的使命和愿景；对团队来说，这个长期追求是团队的小梦想。使命和愿景讨论得已经比较多了，这里来说说团队的小梦想。

拿一个产品开发团队来说，团队的主要职责通常无外乎按照客户的需求开发一个又一个新特性。这可以反映在它的 OKR 中。然而，我曾见过一个与众不同的团队，它除了有 OKR，还有一个更为长期的小梦想。

这个团队是企业内部的工具开发团队。它基于企业的管理需要，开发企业内部的绩效管理系统、薪酬系统、招聘系统，以满足企业自身的需要。一般而言，产品开发人员都希望自己开发那些能直接在市场上应用的产品，因为它们的用户群更广，并且最为重要的是，它们能给公司带来真真正正的营收。想象一下，有两个机会摆在你面前：一个是开发一款供全球几十亿人使用的通信产品，另一个是开发一款供企业内部不足 10 万人使用的内部企业 IT 系统，你会选哪个？相信绝大多数人会毫不犹豫地选择前者。也正因此，这个团队一直苦于吸引不到优秀的开发人才。团队负责人一直在思考：怎么才能突破这一限制，开辟更广阔的新天地呢？

在一次公司例行的内部产品汇报会上，团队负责人同公司 CTO（首席技术官）谈起了这个话题。公司 CTO 鼓励他说："公司也并没有限定说，你们开发的产品只能给公司用，如果产品内部应用不错，为什么不考虑扩大它的应用范围呢？"这句话极大地启发了工具开发团队的负责人。

回到团队，他召集团队成员开展共创："我们还能做些什么，才能让我们团队的产品走向外部，成为像 SAP、Peoplesoft 一样成功的产品呢？"这一提法点燃了团队成员，仿佛打开了一扇窗，大家开始重新以商业化的视角审视他们现在的产品：

- 这个地方的通用性太弱了，需要重构。
- 产品界面不够友好，用户使用门槛会比较高。

- 产品性能比较差，难以支撑大批量访问。

这大大地超出了团队负责人的预期。以往，当其他部门吐槽他们的产品时，他们大多是以防卫的姿态做辩解，而这次，他们居然自己揭起自己产品的短了。这是一股神奇的力量。乘着这股子劲儿，团队负责人提议订立一下团队的小梦想。大家群情激昂，字斟句酌，一直讨论到深夜 12 点，最后达成共识生成了团队的小梦想：

让我们的 SaaS 平台超越单一组织，成功实现商业化。

他们对此的解读是：

我们不应该只局限于满足公司内部使用。我们应该放眼全球，以业界顶尖 SaaS 平台作为我们的对标对象，逐步超越，适机商业化，用外部商业化催化产品的快速迭代升级，并吸引越来越多的顶尖人才加入一起共建。

有了这个小梦想，团队就变得异常笃定了。远期目标是要成功实现商业化。这一周期、下一周期、下下一周期，都应瞄准这一长期目标去设定 OKR。他们设定了未来一年的 OKR，具体如下。

O：年内实现产品的"诺曼底登陆"，成功迈出产品商业化的第一步
  KR1：按照商业化产品要求完成公司 SaaS 平台设计
  KR2：依托公司丰富的业务场景，实现对 3 个典型业务场景的垂直穿透
  KR3：产品用户体验全面超越市场上主要竞争对手 10%
  KR4：面向社会举办 1 场产品发布会，吸引超过 100 家企业参会，并签约至少其中 10 家

他们把这一年称为"产品元年"，意味着这一年主攻的是产品开发，

为下一年的商业化打基础，这样，下一年就自然地被他们规划为"商业化元年"。不一样的团队小梦想，指引着团队制定了不一样的OKR，也让团队在之后制定OKR时，能始终瞄准小梦想而不偏航。小梦想和一个个OKR编织成了通向成功的美丽画卷（见图3-18）。

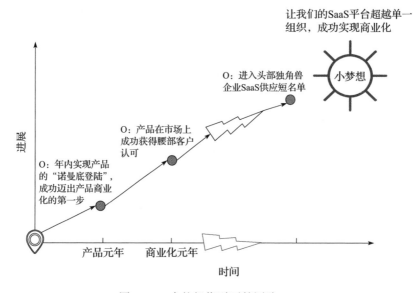

图3-18　小梦想指引下的团队OKR

这个团队沿着小梦想不断前进，一个个OKR构成了前进路上的傲人的里程碑。时至今日，团队已经成功迈出了商业化步伐，步入了他们的商业化元年。公司内部对产品的满意度及产品口碑也直线走高，成了可以比肩其他业务的明星产品，彻底改善了该团队在公司的地位。

这种状态，是否也是作为团队管理者的你所梦寐以求的呢？

小梦想自有一股力量。它在梦想与现实之间催生了一种强大的张力。在这股张力的牵引之下，你能带领你的团队轻易地摆脱平凡，走在追求卓越的路上。小梦想让你的团队能清楚地意识到差距，让你团队的OKR形散而神不散，把精力聚焦在长期价值的实现上。

所以，只要有可能，就尽可能给你的团队定一个小梦想吧。它可以是

1～2年的，也可以是3～5年的，或者更为长期的，这取决于你所在的行业。相对来说，2C行业是短周期属性，小梦想以1～2年为宜；2B行业和高科技研发领域则通常是长周期的，小梦想以3～5年为宜。

如果你实在无法为团队设计一个相对长期的小梦想，我也建议你在相对较短周期OKR的基础上，再迈出一步，制定一个更为长期的OKR，以实现长短周期兼顾，既不过于短视，也不过于理想主义。一般而言，如果你的OKR周期是季度，建议你设定一个年度OKR。这样，年度OKR关注长期，季度OKR关注当期。季度OKR服务于年度OKR，同时在复盘季度OKR时，再次审视年度OKR的可行性。若有必要，也可调整年度OKR，以增强它对后续季度OKR的指引作用。年度OKR和季度OKR之间的关系如图3-19所示。

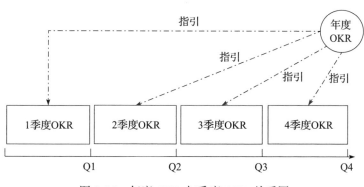

图3-19 年度OKR与季度OKR关系图

OKR出征仪式

当OKR制定完毕后，很多团队习惯于默默地往下推进。然而，此时如果能给团队来一个小小的OKR出征仪式，就像军队开战前的战前动员一样，往往能更好地鼓舞士气。同时，出征仪式也是正式地告诉所有成员：我们的OKR制定阶段已经结束，现在正式进入实施阶段。

在OKR出征仪式上，O的负责人首先和大家一起回顾这个O的生成过程，再次帮助大家理解我们为什么定了这些O，它们对上层组织的OKR有哪些贡献，对客户有什么贡献。O的负责人一定要向大家传递出他对实现这些OKR的信心，充分发挥O鼓舞人心的特点。

之后，O的负责人可以邀请各个KR的负责人分别上台分享这些KR的Action，不光要实现目标清晰，还应尽可能实现路径清晰。KR的负责人也要表达出他们对达成其所负责KR的信心和渴望，一定要有眼里放光、志在必得的精气神。

在OKR出征仪式上，还应明确下述几点：

- 团队后续要采用什么节奏进行OKR回顾？是周会？还是双周会或月会？
- 在实施OKR时应遵守哪些共同约定？例如，当出现不得不调整OKR的情况时，应及时做出调整，但所有调整都应知会到所有相关方，以确保同步变化。
- OKR推进过程中的相关信息在什么地方进行共享？是直接记录在公司的OKR IT系统中？还是依托内部的知识管理平台进行共享？或者就只是存放在一个公共的服务器里？由于OKR强调公开透明，因此必须让大家能便捷地获取OKR推进过程的中间资料。

在OKR出征仪式上，还可以邀请有影响力的重要人员到场，讲讲他们对大家的期待，给大家加油打气，以示支持。重要人员可以是上级领导、合作伙伴或者重要客户。即使他们什么也没说，他们到场本身就是对团队最好的支持。

霍桑效应告诉我们："当人们意识到自己正在被关注或者观察的时候，会刻意去改变一些行为或者是言语表达。"通过让O负责人和KR负责人当众分享他们的思考和行动计划，可以强化他们对OKR的承诺，把团队带向一种高能状态。

OKR出征仪式是团队即将开赴前线时的最后动员，也是强化大家的OKR

承诺感的好时机，请不要轻易地跳过这个环节。只有在完成了OKR出征仪式之后，团队目标制定阶段才算结束，团队才算真正进入OKR实施阶段。

对OKR共创会和OKR握手会是否必要的再反思

可能有不少人会提出这样的问题：要定出好的OKR，一定需要采用OKR共创会和OKR握手会的方式吗？根据我多年的OKR开展实践，对此我的答案简洁明了：大部分场景下都需要。

为什么这么说？不少人会认为，由管理者制定后逐层向下宣讲就足够了，没有必要大费周章地组织OKR共创会。事实上，这是传统的战略传递做法。目标如果采用这种逐层向下的沟通方式，往往会出现逐层衰减效应。我曾经在阿里巴巴做过一次组织诊断，假定向事业群总裁直接汇报的管理层作为1层组织，再下一层汇报关系为2层组织，依次递推，直到一线员工层，我们会发现他们对目标清晰度的打分也依次递减，如图3-20所示。

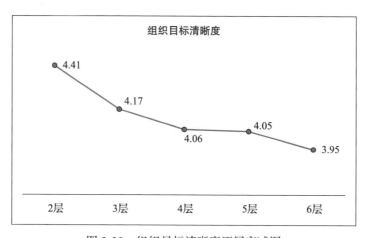

图3-20　组织目标清晰度逐层衰减图

这充分说明了沟通的漏斗效应的存在。正因此，我们需要用OKR共创会和OKR握手会的方式卷入更多的目标相关方，尽可能实现扁平沟通，减少沟通层级。

威尔士学者大卫·斯诺登（David Snowden）结合多年企业咨询和研究经验，把企业所处状态划为五大域：清晰（clear）、繁杂（complicated）、复杂（complex）、混沌（chaotic）以及困惑（confused），并建构了 Cynefin 结构。[26] Cynefin 读作 kun-ev-in，中文音译为昆爱文。昆爱文结构如图 3-21 所示。

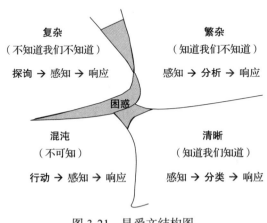

图 3-21　昆爱文结构图

由于困惑状态是其他四种状态交叠产生的交叉状态，因此不单独介绍。其他四种状态的特点如表 3-14 所示。

表 3-14　昆爱文结构典型特点

状态	特点
清晰	1. **问题和行动方案都很清晰**：知道问题是什么，也知道如何解决问题。团队在解决这类问题上已经有非常丰富的经验 2. 对这类场景，通常有可供参考的最佳实践 3. 上下级之间无须过多沟通，简单直接的命令—控制模式通常是行之有效的管理方式
繁杂	1. **要去向的目的地是清晰的，但是如何到达目的地的路径并不清晰**：属于一题多解领域，又类似走迷宫——迷宫只有一个出口，但走出迷宫的方法可以有多种 2. 对这类场景，通常需要高频反馈，以及时做出调整 3. 管理者要负责协调团队中不同的观点，因而需要较多的协调与沟通
复杂	1. **问题和解决方案之间的关系如迷雾一般**：团队唯有不断探索以揭开真正的问题 2. 此种场景下，不可规划具体行动，只可规划试验方向 3. 每个人都像一个感应器一样对环境有一定的认知，但没有谁比谁更了解复杂的环境，管理者的主要任务是帮助构建深度互动和探讨的氛围，从而孵化和培育新的有效模式
混沌	1. **问题和解决方案都不清晰**：不知道问题是什么，更不知道如何解决问题 2. **创意对于这样的组织尤为重要**：真正的大创新正源于此 3. 管理者应立即采取行动以重建秩序，减少动荡，使局面从混沌状态转向复杂状态

如果我们从有效的管理模式、团队所需沟通的多少，以及对应 OKR 场景来观察这四种状态，我们会有表 3-15 中的发现。

表 3-15 昆爱文结构分析

状态	有效的管理模式	团队所需沟通	对应 OKR 场景分析
清晰	命令—控制	无须沟通或仅需少量沟通	对应到 OKR 场景，团队的 O、KR、Action 都是清晰的，其 KR 可以侧重于影响 O 的行为上。例如，"瘦身以保持良好外表形象"这个 O 的 KR 就可以是："控制日卡路里摄入量不超过 ×××× 卡路里"
繁杂	专业导向，通常管理者自身就是业务专家	需要高频沟通和反馈，以协调团队成员彼此间的不同观点和看法	对应到 OKR 场景，团队的 O 和 KR 是清晰的，Action 则不清晰。团队需要首先弄清楚他们当前的绩效状态，然后利用类似 "5 Why"法分析根因和采取下一步行动。例如，"减少在线购物网站客户流失"这个 O 的一个 KR 是"提升网站响应速度"，所以软件团队首先需要弄清楚他们当前的响应速度是怎样的，客户能接受的响应速度是什么样的，为什么当前版本和客户期待存在这些差距。这些差距的解决就将是这个 KR 可以采取的行动，但需要不断迭代版本去提升
复杂	自下而上	管理者需要营造沟通氛围，促成团队成员之间经常和有效的沟通	对应到 OKR 场景，O 是大致清晰的，如何衡量 O 的 KR 则不清晰。团队可以小步规划未来行动，大胆假设，小心求证，不断向前探寻，破解难题，找到微光，逼近胜利。团队要有不惧失败、勇于失败的氛围。登月、开发新能源汽车都属于这类场景
混沌	通过命令—控制方式控制住局面，促使局面转向复杂状态	管理者和下属之间需要大量沟通	对应到 OKR 场景，团队的 O、KR、Action 均不清晰，只能不断尝试和探索，以明确方向

所以，我的结论是：除了清晰状态不需要 OKR 共创会与 OKR 握手会，其他三种状态下，OKR 共创会与 OKR 握手会都是必不可少的。遗憾的是，现今大部分企业的大部分业务都属于其他三种状态，十分清晰的操作类业务场景是十分少见的，它们只存在于传统的流水线工厂里。因而，在大部分场景下，没有 OKR 共创会的帮助，你很难确保你的团队对团队目标已达成共识。如果你不信，你可以在那些没有开展 OKR 共创会与 OKR 握手会的团队中，随机地选取 1～2 个团队成员，问问他们：

- 你知道你所属团队的团队目标是什么吗?
- 你知道团队目标是怎么来的吗?(你们团队为什么定这些团队目标而不是别的?)
- 你认同团队目标吗?
- 团队目标鼓舞你吗?让你觉得兴奋吗?
- 你的目标和团队目标之间是什么关系,它对团队目标有哪些支撑?
- 你团队的目标是否依赖/影响其他团队的目标?你们可以独善其身的概率有多大?

只需简单几个提问,你立马就能意识到问题的严重性。

第 4 章

OKR 五昧真火之二
OKR 使能

———

再雄心万丈的目标，如果没有脚踏实地地去实施，最终都会变成空中楼阁。OKR 要能真正产生效果，需要有系统的"使能"机制。我在这里用了"使能"这个词，而不是我们惯用的"跟进""推进""跟踪"这些词，为什么？我认为这些词和 OKR 的理念不符，它们是工业时代的产物。想想，当你说你要"跟进""跟踪"一件事情时，你事实上传达的是不信任和管控的含义。当你说你准备"跟进""跟踪"我的 OKR 进展时，我内心是会产生抵触和抗拒情绪的。你是害怕我无法完成目标所以才要"跟踪"我吗？你是害怕我偷懒所以才要"跟进"我吗？你是想榨取我每一分每一秒的时间吗？

我想这就是很多公司的管理层热心于推行OKR，而员工却对此敌对或漠视的原因所在。当你在试图"跟进"和"跟踪"OKR时，你就在管和被管之间竖起了一道藩篱，这本身就是OKR开展的巨大障碍。OKR不需要"跟进"，不需要"跟踪"，OKR需要的是信任，需要的是授权，需要的是"不待扬鞭自奋蹄"的自我拼搏精神。如果公司想在OKR实施环节做点什么，那就动动脑筋想想：你要如何才能创造出"使能"员工自主自愿努力做事的氛围和条件。使能的意思是你要创造条件，"使"他们"能"更好地做事。这就好比园丁，他要做的是给花草施肥和浇水，然后任花草恣意生长。

语境决定心境，心境影响行为，行为孵化新环境。公司总希望员工能够多一点自驱力，那我们能否首先从改变语境开始，进而创造一个积极的环境？不要再说"跟进""跟踪"，请"使能"OKR。

OKR使能飞轮

一旦你制定好了OKR，团队就应该进入作战状态。作为团队领导者，应该转动OKR使能"飞轮"。飞轮的转轴是"信任"，由"信任"这根转轴辐射出去的是"行动学习""双周会"和"一对一沟通"三个扇面，它们共同构成了OKR使能飞轮（见图4-1）。

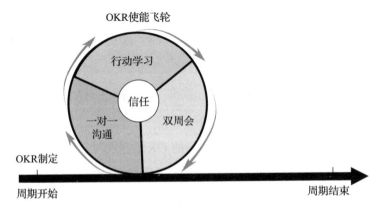

图4-1　OKR使能飞轮图

落实行动学习

OKR开展的过程如果不能让员工从中感受到学习和成长，则对员工而言，OKR只不过是管理者用以榨取员工智慧的花样玩法而已。另外，OKR如果不能促使组织取得更好的结果，则必将很快被管理者遗弃。行动学习很好地兼顾了员工和管理者的双重诉求。

行动学习是什么

行动学习，简而言之，就是在行动中学习，在干中学，在学中干，边学边干，边干边学。传统的学习模式是先学习，再实践。这种学习方式非常适合传统的工业世界，工人在上岗前需要经过系统培训，以掌握产品的相关知识和技能，然后再带着这些知识和技能在具体岗位上照章办事。然而，在复杂多变的今日商业世界中，这种学习模式非常低效和落后。2021年底，字节跳动率先"炸"掉了其专门负责员工培训的人才发展中心，正是基于这样的认知。公司在裁撤内部邮件中这样说：[27]

有些职能在一定阶段有意义，但未能适应公司的发展，就可能会失效；有些职能在别的公司可能有价值，但与我们公司的需求脱节，团队积累的技能和经验一段时间内也不太符合公司的需求方向；有些部门和团队的工作变成"过家家"的游戏，员工很忙，部门空转，但没有实际创造很大价值，不仅浪费公司资源，也制造很多噪声，浪费其他员工的时间。

互联网面临的商业环境瞬息万变，我很难想象一个身处大后方、未闻枪鸣炮响的专职人才培养部门能够给到真正在一线战壕中摸爬滚打的战士们多少"培养"。早就该"炸"掉人才培训部了，早就该采用更加行之有效的行动学习方式了。

行动学习是20世纪40年代由雷格·瑞文斯（Reg Revans）首次提出的。[28]像拓扑心理学的创始人、实验社会心理学的先驱库尔特·勒温一样，他原本也是一位物理学家，之后才转行到人力资源领域。行动学习最先是他在解决威尔士和英格兰煤矿的生产力与士气问题时提出来的。瑞文斯敏锐地意识到，要解决这个问题，不应该求助外部专门的培训力量，而应该让工人从自己的视角去质疑，让他们用自己的经验去寻找解决办法，让他们自己解决自己的问题。这样做的效果大大出乎意料，与相邻煤矿相比，采用瑞文斯这种方法的煤矿生产力要高出 30% 以上。

20 世纪 70 年代，在瑞文斯担任东伦敦急救服务机构负责人时，他开始着手解决伦敦医院所面临的问题。通过确定潜在问题、对实践框架进行概念化以及为急迫问题寻求实际而持久的解决方法等一系列步骤，瑞文斯总结形成了早期的行动学习方法。

此后，行动学习方法经过多年不断地在不同的组织中的实践和持续迭代，日臻完善。行动学习的宗旨是四个真实："用**真实**的人，在**真实**的时间解决**真实**的问题，并取得**真实**的结果。"行动学习始终秉持一个认知，即在解决问题的过程中，学习是开发突破性思维和取得重大成功的关键。[29] 瑞文斯还专门提出了行动学习等式：[30]

$$L（学习）= P（程序性知识）+ Q（洞察性提问）$$

等式中的 L 是指 learning，意指真正的学习；P 指 programmed knowledge，意为程序性知识；Q 指 questioning insight，意为洞察性提问。程序性知识是用来解决有确定性答案的常规性问题的。常规性问题有点像谜题（puzzle），谜题可能很复杂，有时甚至需要专业的技能才能解决，但谜题毕竟有固定的答案。行动学习不是要解决谜题，它要解决的是那些没有固定解决方案的难题。而解决的关键在于有洞察力的提问，洞察性提问是行动学习的根本。瑞文斯告诫经理人，在陌生、冒险和混沌的情况下，提出实效的、有洞察力的问题比单单掌握程序性知识更重要。对于行动学习，P 需要，但更重要的是 Q，一个组织里的成员如果既具备丰富的程序性知识，又在此基础上进行了洞察性提问，那他取得的成果是难以想象的。请记住这个等式。

行动学习强调实践导向和员工参与导向,它把学习的权利还给了在一线战斗的战士,让他们在同敌人的厮杀中相互启发,即学即用。行动学习不需要专家,不需要专职的"人才培训中心",它需要的是一个由面临共同难题的人所组成的行动学习小组。正如瑞文斯所说:"小组是行动学习的核心要素,它就像刀的刀刃。"

行动学习太适合 OKR 了。一方面,OKR 要解决的正是那些没有固定答案的挑战难题,而非常规事项;另一方面,OKR 也大多需要多人一起来完成,这又非常适合用行动学习小组的方式去探询。

华为 OKR 圈子:一种自发呈现的 OKR 行动学习案例

在华为 OKR 变革开展过程中,我们发现一个很有意思的现象。一些团队会自发地围绕团队的大 O,形成若干个"OKR 圈子"。这些团队往往只会组织大家一起共创出团队的大 O。然后,团队中的活跃分子就会积极地行动起来,他们会自行组队形成圈子,并生成若干个小 O 去支撑团队大 O。通常,每个圈子的小 O 下都会有 3~5 个 KR,每个 KR 都会有具体的团队成员去分别负责(见图 4-2)。

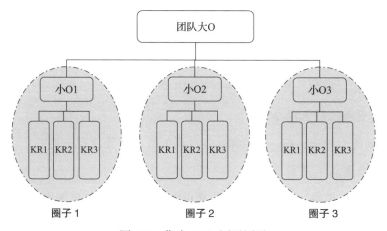

图 4-2 华为 OKR 圈子图示

大家会围绕 O 或 KR 的一些关键难点进行相互探询和相互启发。很多时候，圈子里谁也不比谁更专业，但大家会就某一核心问题进行提问和反思。例如，一个圈子的小 O 是"大幅提升产品的开发速度"，这个小 O 下的一个 KR 是"将单次用例集执行时间从 10 分钟降至 10 秒以内"，这非常有挑战性。负责该 KR 的组员于是和圈子的其他组员做了一次深入探讨，然而圈子里其他组员和他知道的一样多，也没有相关的优化经验，但大家问了一些非常好的问题。

A 组员：这看起来确实非常难，不知道其他团队的实践是怎样的？

KR 负责人：是的，我从公司内网上参考了一些之前其他团队的优秀实践，但可供我们参考的经验不多，他们的用例开发语言是 C++ 语言，而我们主要用的是 Python 语言。

B 组员：两种编程语言之间的差异为什么这么大？

KR 负责人：C++ 语言编写的用例会首先被编译成机器可直接执行的二进制，而 Python 语言编写的用例不会进行事先编译，而是在用例执行的过程中进行即时编译，这就导致 Python 语言的执行速度非常慢。

A 组员：我们有可能要求测试团队把测试用例的编程语言统一切换为 C++ 语言吗？

KR 负责人：不太可能，测试团队懂 C++ 编程的人不多，用 C++ 语言编写用例对他们来说太难了。

B 组员：我们一共有多少个测试用例？

KR 负责人：大约 2000 个。

B 组员：每次运行，这 2000 个测试用例都需要执行一遍吗？

KR 负责人：是的。

B 组员：那每次提交运行时，真正需要重跑的测试用例有多少呢？

KR 负责人：这个问题还没人分析过。出于谨慎，大家每次都会选择全量测试一遍。不过，每次代码更新应该只会影响相当少一部分的测试用例。这么看来，大部分用例只是在做无谓的"陪跑"。如果我们能得出测试用例和代码之间的关系图（这块技术相对比较成熟），每次就不需要全量运行所有 2000 个测试用例了，测试运行时间可以大幅缩减。当然，出于谨慎角度考虑，可以每日夜间再做一次全量测试，从而兼顾效率与安全性。

B 组员：看上去是一个不错的选择。

A 组员：是的，值得尝试一下，看看能减少多少无关用例的时间消耗。

可以看到，通过上面的对话，KR 负责人自己找到了问题的解决方案，OKR 圈子里的其他组员只是在恰当的时间问了恰当的问题。

那个时候，我们只是发现这种模式非常有效，所以把它作为公司的 OKR 优秀实践向其他团队大力推介。我们没有意识到，这个 OKR 圈子事实上就是瑞文斯所说的行动学习小组，这种运作方式事实上就是瑞文斯所说的行动学习模式。在 OKR 圈子中，小 O 的负责人就是行动学习小组的催化师，他负责组织各个 KR 负责人，就 OKR 面临的困难和挑战启发大家不断反思，共同探索，在解决问题的过程中学习，在学习中不断地解决问题。在这种方式下，由于小 O 的负责人往往是自发产生的，他们具备非常强的主人翁意识，工作士气通常都很高，同时，由于圈子成员在过程中有非常多的交流和互动，他们在这个过程中往往成长得非常迅速。

在看到 OKR 圈子所展现出来的巨大效用之后，我把这一做法凝练在了华为的 OKR IT 系统之中。这样，员工可以方便地借助 OKR IT 工具，灵活创建 OKR 圈子，敏捷地支撑团队大 O 的完成。这算是我们在 OKR 开展早期的一种自发的行动学习探索。这种方法的效果立竿见影。2017 年底，在分析华为一年一度的组织氛围调查结果时发现，采用 OKR 圈子方式的团队，其员工在能力提升维度的打分显著高于没有采用这种形式的团队。员工报告说他们的能力提升得更快，而管理者也普遍反馈员工积极主动做事的意愿更高，自驱力更强。

AAR：一种行之有效的行动学习方法

在诸多行动学习方法中，行动后回顾法广受企业青睐。行动后回顾法英文全称为 after action review，简称 AAR。它源于美国陆军。过去，军人的培训和实战是分离的。正所谓平时多流汗，才能战时少流血。然而，现代战争越来越复杂多变，军人在执行作战任务时会面临很多新的情势。如果只依靠平时的训练，是很难支撑任务的达成的。为此，美军总结出了 AAR。每次执行任务之后，行动小组会立即召开小组会议，回顾这次任务有哪些做得好、哪些做得不好，在具体的行动中学习，并将经验教训带入到下次行动中。

AAR 的目的是避免在未来再犯同样的错误，并快速固化过去的成功经验，发现新的改进机会，提升人员的应对能力，从而提升整个团队的未来绩效。在采用 AAR 方法前，美军在越南战场上的战损比（击毁对方战机数∶自身损失战机数）为 2.4∶1，即每击毁对方 2.4 架战机，自身就要损失 1 架战机。这个损失对美军而言，简直是太惨重了。要知道，美军在第二次世界大战和朝鲜战争期间，其战损比为 5∶1 甚至是 10∶1。采用 AAR 方法 1 年后，美国海军空战队的战斗力大大提升，其战损比提升至 12.5∶1，提升 5 倍之多。[31] AAR 不仅广泛应用于美国军队，还拓展到了美国的各行各业，包括航空业、政府单位及众多私营企业。美国政府 2020 年出版了一本名为《如何开展行动后回顾法》（How to Conduct an After Action Review）的书，用以指导美国执法部门有效开展 AAR。该书对 AAR 的定义是：[32]

AAR 是在特定培训或事件之后开展的一个活动，它以团队为单位，让所有参与者都有机会一起反思、感知、观察，从而识别出可供借鉴的经验或教训，用以改善未来在相似场景下的绩效。

从这个定义可以看到 AAR 的 3 个典型特征：以团队为单位，集体反思，未来导向。对团队成员来说，它意味着一个相互学习和成长的过程；对团队来说，它意味着团队业务将不断精进。

AAR 似乎是为 OKR 量身打造的一般。如果你还记得我在第 2 章中讲过的 OKR 的三层结构，即 O、KR 和 Action，那么在 Action 之后来一次 Review（回顾）再合适不过了，边干边学，边学边干。

如何才能做好 AAR 呢？建议遵循如下六步法。

第一步：弄清意图

要弄清当初行动的意图是什么，我们究竟想要通过这个行动实现什么。在 OKR 场景中，所有 Action 都应该瞄准 KR，一个 Action 如果不能促成 KR 的达成，它就不是一个有效的 Action。

第二步：弄清现状

当下实际上发生了什么事？为什么发生？怎么发生的？要真实地重现过去发生的事并没有那么容易。我们通常会带着我们的经历和背景去看待一件事，因而经常会仁者见仁，智者见智。为了消除偏差，可采用下面两种方法：

（1）按事件发生的先后顺序进行回顾。

（2）由成员回忆他们所认为的关键事件，并优先进行分析。

需要注意的是：

- AAR 的开展一定要及时。
- 遵循最大化但相关原则，尽可能包含更多的与此事件相关的参与者。
- 提前明确"解决争议或分歧"的机制，每次会前重申该机制。
- 就事论事——不批评，不指责，错误是学习的良机，不是秋后算账的素材。

第三步：总结得失

我们从过程中学到了什么新东西？如果有人要进行同样的行动，我们会给他什么建议？

- **分析因果关系**：我们做对了什么，才促成了那些成果？或者我们做错了什么，才导致了那些问题？
- **提出解决方案**：就当下的经验，能否针对类似行动形成适当的解决方案，以便在未来可以复刻当下的成功和避免再次出现当下的失误？
- **建立迭代循环**：下次再进行类似行动时，要先回顾本次的 AAR 成果。

第四步：将学习转化为行动

明确接下来我们该做些什么：哪些是我们可直接行动的？哪些需要上层团队决策？哪些需要依赖其他团队？另外，可采用三种时间长度来辅助思考。

- **短期行动**：可以被快速实施并立即产生效益的行动。
- **中期行动**：影响系统、政策以及组织的行动。
- **长期行动**：与基本策略、目标及价值观有关的行动。

注意：

- 在确定行动时，请聚焦自己能力范围内的事情，少关注自己控制不了的外部力量。
- 找出表现良好，可以持续保持下去的事情。

第五步：采取行动

知识的力量在于行动，知识必须透过行动才会发挥效用，必须产生某些改变才是所谓的学习。要持续回顾第四步生成的行动直至其完成。

第六步：乐于分享

除了参与回顾的人以外，还有谁需要知道这些知识？他们最需要知道的是什么？有针对性地把有用知识有效地传递给他们，以促成组织能力的整体提高。今天你分享了一个 AAR，可能会帮助到其他团队；明天其他团队分享了一个 AAR，也会大大加速你的工作推进。AAR 若能在更大的组织层面形成这样的积极分享氛围，整个组织都会因此受益。

一个典型的 AAR 输出模板如表 4-1 所示。

表 4-1　典型的 AAR 输出模板

O：
KR1：
Action：
意图：

现状：

从中学到的经验	从中学到的教训	下一步行动

AAR 参与人：	AAR 日期：

AAR 方法在华为研发团队中被广泛地采用，它适用性广，简便易行。它和 OKR 结合在一起有如虎添翼般的效果。OKR 为 AAR 指明相对长期的工作目标，是 AAR 开展的大背景；AAR 则通过高频、有效的互动，一方面促成了 KR 和 O 的最终达成，另一方面也促成了团队能力的快速提升。

开好 OKR 双周会

OKR 回顾频率

很多企业误以为 OKR 是一副神器，制定出来后就万事大吉了，然后等着它发挥神奇的效果。事实一再证明，天上不会掉馅饼。要想 OKR

在组织中切实地发挥效果，需要脚踏实地、一步一个脚印地去实施OKR。

OKR是动态的，在OKR实施过程中管理者和团队成员之间需要有更高频的实时互动，这也是OKR与KPI的一个显著区别。关于这一差异，可以画一个形象的对比图（见图4-3）。

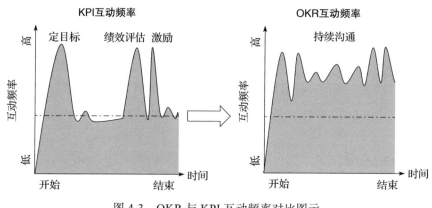

图4-3　OKR与KPI互动频率对比图示

KPI更注重一开始的目标分解以及最后的绩效考核，所以在这两个时期有明显的波峰波谷。尤其是在考核期，因为涉及与利益的挂钩，大家都额外重视，会投入大量精力以确保每一份投入和贡献都被充分计入绩效考核中。KPI在过程中的互动相对没有那么高频。OKR则自始至终都需要保持高频的互动，它需要不断地回顾进展，分析得失，直至最后的复盘为止。图4-3中两个坐标图中，曲线下方的阴影面积代表管理者需要投入的精力。对比两图也可以看出：OKR实际上需要管理者投入更多的精力。也因此，百度公司在其面向全公司管理者发布的《OKR 45问45答》中说："OKR对每一级管理者的要求都比较高，管理者要更懂下属的业务，关注他们目标实现的过程。还要跟上下充分对齐，确保上下同欲，跟下属的沟通要比以前更加到位。"

理想汽车创始人李想在实施OKR后，不无感慨地说："OKR救了理想，但周报和日报救了OKR。"，我一个同学加入快手时，恰逢快手引入

OKR。在经历了半年的 OKR 模式之后，他感慨地对我们说：

"加入快手，最大的收获是学会了如何让团队的人不摸鱼。"

我们都很好奇，追问他快手是如何做到这一点的。他回答说：

"每 2～3 个月定 1 个 OKR，多开例会，一周 3 次，一次 1 小时，团队工作公开透明，工作进展直接在在线文档中详细列出，这样每个人都知道其他人每天在做什么，想摸鱼都无处可摸了。"

字节跳动也类似。字节跳动的 OKR 周期比其他公司都要短。按字节跳动的说法，通过双月一个 OKR 周期的做法，字节跳动在一个年度里实际上获得了 6 个 OKR 周期，相比于那些按季度为周期开展 OKR 的企业，字节跳动比它们多出了 2 个"季度"。

可以看出，无论是新能源新秀企业理想汽车，还是互联网翘楚字节跳动和快手，都在高频地进行 OKR 回顾。这或许是它们的 OKR 得以有效推进的法宝。

美国培训与发展协会（ASTD）曾做过一个研究："当人们口头上承诺他们要做一件事时，这件事完成的概率为 65%；如果在此基础上和他们再增加一个定期会议，则他们完成这件事的概率将提升至 95%。"[33] 美国较早开展 OKR 实践的 OKR 专家克里斯蒂娜·沃特克建议以周为单位回顾 OKR 的完成情况。无论是来自国内的实践，还是来自国外的研究，都无一例外地表明，OKR 需要定期回顾。

以什么样的频度回顾比较好呢？

在这一点上，我赞同美国 OKR 专家巴特·邓·汉克的观点：能快则快，短胜于长。什么意思呢？如果你能以天为单位进行回顾，就以天为单位进行；不能以天为单位回顾时，就以周为单位进行；不能以周为单位回顾时，就以双周为单位进行……以此类推。但无论如何，OKR 的回顾周期最长不要超过 1 个月。如果你的 OKR 超过 1 个月仍无法知道它做得好还是坏,你可能需要反思你的OKR制定的质量。不可回顾,就意味着无法提供相应的反馈和采取进一步行动,这是非常危险的。这意味着你在一个黑暗的胡同里跌跌撞撞,自己也不知道自己是在往前走,还是在向后退,向前走了多少,又向后退了多少,你对这些都是两眼一抹黑。组织一定要竭力避免这种状况。

如何开OKR双周会

典型情况下,OKR以双周为单位进行回顾比较合适,这样既不太长,也不太短,一方面赋予了组织一定的灵活空间,另一方面也避免了OKR制定之后就被束之高阁的现象。双周会构成了OKR推进过程中一个个小的检查点,是驱动OKR不断向前的助推器。具体来说,在公司层面,每双周需召集各个事业群总裁召开OKR双周会,会上一起回顾公司OKR的达成情况。OKR双周会应尽可能轻量化进行,不需要额外准备长篇大论的汇报材料,以能把OKR的推进进展说清楚为目的。OKR双周会通常的回顾模板如表4-2所示。

表4-2 OKR双周会回顾模板

O			责任人			信心指数(0~100%)				
KR	KR责任人		完成日期	握手方	握手点说明	KR进展(0~1分)	KR进展(详细文字说明)	KR趋势	信心指数(0~100%)	KR挑战点
	责任人	成员								
KR	KR1:									
	KR2:									
	KR3:									
	KR4:									

OKR双周会重点回顾表4-2中用黑框框住的"KR进展(0~1分)""KR进展(详细文字说明)""KR趋势""信心指数(0~100%)"以及"KR挑战点"五部分。

- **KR进展(0~1分)**:用0~1分标识KR完成度,1分表示完全达成，0分表示毫无进展，0.7分表示达成得比较好。

- **KR进展（详细文字说明）**：仅有数字标识的OKR进展，有时会让人感到迷惑，不知道这个进展数字代表着什么具体含义，以及为什么是这个进展数字，所以需要进一步用文字详细说明具体的进展是什么。

- **KR趋势**：自OKR开始实施以来，该KR的推进趋势是什么样的？是一直在向前不断推进，还是最近几周以来一直无进展？我们需要在同上次进行精确数据对比的基础上，再呈现一个全局性的趋势，以更完整地把握OKR的推进状态。几种典型KR推进趋势曲线如图4-4所示。

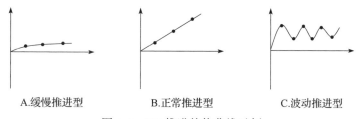

图4-4　KR推进趋势曲线示例

- **信心指数（0～100%）**：用0～100%表示当前对达成这个OKR的信心。一个好的OKR在初始时应设定50%～70%的信心指数，即有50%～70%的达成可能性。伴随着时间的推移，现在这个信心是增强了，还是降低了？信心指数是OKR推进风险的主观晴雨表，下级组织要通过它释放出是否存在困难的信号，上级组织则要通过它敏锐地捕捉到是否要更多地介入，不要轻易跳过这一环节。在实际标识时，既要标识O整体的信心指数，也要标识每个KR的信心指数，以便从整体和局部两个层面把握难点在哪里。

- **KR挑战点**：从目前情况来看，达成这个KR还有哪些关键难点和风险点，可以在这一列中予以说明。OKR达成过程中，与相关团队的协同情况也可以在此一并说明，以推动过程中更好地协同。

需要说明的是，在评估KR进展时，有时出于简化的目的，我们会直接看KR的完成度，即将当前值与目标值对照以确认完成了百分之多少。然而，如果要更完整地评估KR，我们就不能仅仅看KR的完成度数值，而应全面地关注"3个比"。

（1）和目标比：我们达成当期目标了吗？是偶然达成还是持续达成？

首先，将当前值和我们的KR进行比较，确认KR是否达成。例如，我们之前的一个KR是"产品月度活跃用户数达到1000万"，而这周我们观察到的最近一个月的产品月度活跃用户数为1100万，那相比于原定目标，我们已经达标。

这是否意味着我们就成功了？可能还不能得出肯定的结论。接下来我们要问：我们是偶然达成了目标，还是持续地在达成目标？是靠运气还是确实是因为我们做了什么有效的工作促成的？由于这是我们第一次达成1100万的产品月度活跃用户数，我们尚需继续观察这一指标在下一周的表现。

（2）和过去比：我们有进步吗？我们能借此预测未来绩效吗？

其次，和我们的过去比，以确认我们是进步了还是倒退了。仍拿上面的例子来说，如果上周我们的产品月度活跃用户数为900万，这周为1100万，那么对照上周来看的话，我们这周确实进步了；但如果上周是1200万，这周是1100万，虽然都达成了1000万目标的要求，但这似乎意味着我们这周在走下坡路。

这样的分析对吗？你是否也这么分析你的业绩达成情况？

事实上，很多时候我们都是像上面这样分析我们的进展。数据分析专家马克·格雷班告诉我们：单纯对照最近两次的数据，很多时候并不能告诉我们更多信息。我们还需要不断地对完成情况进行数据打点，以获取更多的数据洞见。格雷班在《度量成功》（*Measures of Success: React Less,*

Lead Better, improve More）一书中，介绍了惠勒研究总结出的 3 条经验规则。[34]

假定：围绕一系列数据序列，将超出其均值 3 个西格玛⊖处的数值定义为自然上限值，低于其均值 3 个西格玛处的数值定义为自然下限值。根据统计学数据经验法则，[35] 约 99% 以上的数据会位于均线正负 3 个西格玛范围内。这意味着，在正常情况下，绝大部分数据应该都位于该自然上限和自然下限间的区域内。

当系列数据中出现下述现象时，意味着系统中存在有效信号，需引起关注。

规则 1：任一数据点，只要它超出了数据的自然上限或自然下限，说明系统出现了不稳定信号。

规则 2：连续 8 个数据点出现在均线的同一侧，说明系统有很大可能性将稳定地提升 / 降低至该侧。

规则 3：4 个连续数据点中的 3 个数据点更靠近某一侧的自然上限 / 自然下限，而非均值时，说明系统有朝该侧发展的趋势。

我把上述三条规则称作"惠勒数据三律"。格雷班的《度量成功》和惠勒的《从数据中发现意义》（*Making Sense of Data*）两本书中，提供了关于如何精细计算自然上限和自然下限的具体方法，如果读者感兴趣，可进一步查阅这两本书。

拿某产品的日活跃用户数据举例来说，在某年 1 月，该产品的日活跃用户数据如表 4-3 所示。

⊖ 你一定听说过大名鼎鼎的"六西格玛"，这里的"西格玛"的含义与之类似，表示分组数据的标准离散程度。对于一组单一数据 $X_1, X_2, X_3, \cdots X_n$，如果将其平均变化值记为 $\bar{R} = ((X_2 - X_1) + (X_3 - X_2) + \cdots + (X_n - X_{n-1})) / (n-1)$，则 sigma $= \bar{R}/1.128$，分母 1.128 表示的是组内元素只有 1～2 个时的离散常量，如果组内元素为 3 个时该值为 1.693，为 4 个时该值为 2.059……具体可查阅惠勒和尚贝尔（Chambers）两人著述的 *Understanding Statistical Process Control* 一书中的附录部分。

表 4-3　某产品 1 月日活跃用户数据

日期	日活跃用户数（万）	日期	日活跃用户数（万）
1月1日	500	1月17日	515
1月2日	522	1月18日	521
1月3日	532	1月19日	524
1月4日	515	1月20日	506
1月5日	505	1月21日	518
1月6日	520	1月22日	480
1月7日	517	1月23日	472
1月8日	505	1月24日	475
1月9日	390	1月25日	468
1月10日	580	1月26日	473
1月11日	570	1月27日	481
1月12日	577	1月28日	477
1月13日	517	1月29日	489
1月14日	511	1月30日	480
1月15日	502	1月31日	488
1月16日	503		

如果单看这张表，你能看出什么问题来吗？很难，对吧？你看到数据在不断地波动。那么，什么样的波动需要我们采取进一步行动？什么样的波动我们可以视为正常波动而无视它呢？这个时候我们需要画一张数据折线图，并标识出这些数据的均值、自然上限值（均值 +3 个西格玛）、自然下限值（均值 −3 个西格玛），如图 4-5 所示。

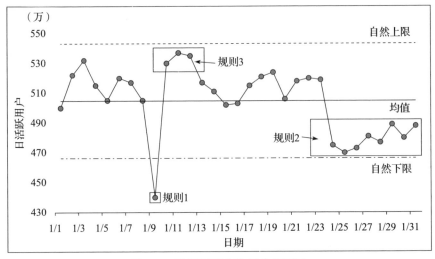

图 4-5　日活跃用户数据分析图示

从图 4-5 中我们可以看到，在大部分时间里，产品日活跃用户数据在围绕均线上下波动，这是一种正常现象，无须引起关注，这个时候系统是稳定的。当然，这同时也说明我们在这期间采取的提升日活跃用户数的行动并没有产生任何显著效果。

然而，根据惠勒数据三律，有以下几处数据有些异常。

- 第一处：1 月 9 日的数据超出了数据自然下限，符合规则 1，需要引起关注。
- 第二处：1 月 11 日至 13 日连续 3 日数据趋近于数据自然上限，符合规则 3，也应引起关注。
- 第三处：1 月 24 至 31 日连续 8 日数据均位于均线的下方，符合规则 2，同样需要引起关注。

这些数据异常，要么是受我们采取的动作的影响，要么是受环境影响。无论是哪种情况，也无论是进步还是退步，我们都需要具体分析其中的原因。

如果数据显示我们进步了，我们要分析我们是如何进步的，是靠"躺赢"还是因为我们做对了什么事。反之，如果数据显示我们退步了，我们也要分析为什么会退步，确实是大环境的影响还是我们做错了什么事。

通过进行仔细的原因分析，我们可以更好地找到业绩提升的驱动因素。这会让我们越走越有信心，而不是仅靠一腔热血莽撞地往前冲。当我们找到了驱动业绩的行为因子后，我们就可以借此预测未来绩效，并采取相应的举措去提升业绩表现。

（3）和行业比：同行动态如何？我们和同行的差距是在增大还是在缩小？

最后，我们还要和行业比，以确认我们是否与时俱进。这非常有必要。回到上面的例子，我们上年的月度活跃用户数是 500 万，今年我们的目标是冲到 1000 万，增长 100%，应该说这是一个非常有挑战性的目标。

单纯对照目标来看的话，我们确实达标了。然而，如果我们再看我们的竞争对手，对方上年的月度活跃用户数是1亿，到这周，它的月度活跃用户数竟然达到了2.5亿。当我们放眼向外看时，发现走在我们前面的竞争对手，竟然实现了150%的增长。我们非但不值得庆贺，还应该深刻反思：竞争对手是怎么做到体量比我们大，却还能跑得比我们更快的？任何时候，只要有可能，都不要忘记和行业去比一比，这是避免我们成为井底之蛙的关键所在。

再举一个字节跳动的例子。它的一个员工给自己定的一个KR是"获取10个新企业客户"。综合"3个比"中的两个比，该KR的得分评定如表4-4所示。

表4-4 字节跳动某员工的KR得分评定示例

KR	KR完成度（和目标比）	行业分析	KR得分
获取10个新企业客户	70%	行业普遍收缩，但我通过努力赢得了7个客户的签单，而实力相当的竞争对手只签了3～4个同量级客户	0.7
	80%	我签下了8个客户，但主要原因是运气好，其中一个客户带来了5个额外客户，竞争对手签约客户的情况同我相当	0.5
	90%	我签下了9个客户，但其中7个客户只带来了很少的营收，对完成O没有太大帮助，竞争对手签约的客户数与我相当，但整体创收多于我	0.4
	100%	经济形势非常好，我在OKR中期就完成了本周期所有目标，但竞争对手签单客户数是我的2倍	0.3

可以看到，OKR的打分，并非等同于KR的完成度，KR百分之百完成并不意味着KR得分就是1分，如果这个KR的达成更多是因为外部大环境带来的红利，那么这个KR的得分就可以适度降低，在这个例子里，这种情况的得分最低。也就是说，该员工的KR得分是综合了KR完成度和行业形势后的评定结果。有了这一评分标准，这位员工在每周的周会做进展回顾时，就会直接以KR得分作为参照，对照上周分析这周是进步了还是倒退了，以及原因是什么，从而驱动自己不断进步。

在形式上，OKR双周会的形式可以多种多样，有的团队会正式一些，在公司的会议室正常召开；还有的团队会把 OKR 双周会开成 OKR 啤酒会，团队成员一起到一个安静的小酒吧，大家围坐在一起，在畅饮啤酒的轻松环境中，分享这两周以来各自在 OKR 上所取得的进展以及遇到的挑战。

做好一对一沟通

OKR 双周会通常是团队会议，所有团队成员一起彼此通报进展和风险，这也体现了 OKR 公开透明的特点：不仅 OKR 本身是公开透明的，OKR 的推进过程也是公开透明的。

但在推进 OKR 的过程中，仅做团队层面的群体沟通是不够的，还需要进行个体层面的一对一沟通。大名鼎鼎的谷歌氧气项目，提炼了优秀管理者的八大特质，其中有一个特质就是"花时间和员工进行一对一沟通"。[36]

在 OKR 双周会上，团队成员已经通晒了他们的 OKR 进展和信心指数。作为团队负责人，你要敏锐地捕捉到：

- 哪些团队成员的 OKR 面临困难？
- 哪些团队成员间 OKR 的协同存在困难？

对这些问题，你需要在双周会后迅速地和他们再做深入的一对一沟通。

有些团队成员个性内敛，在双周会上可能只是公事公办地介绍了 OKR 的进展，但对 OKR 推进的难点，则是一笔带过。这是很危险的。当大家都只在会上报喜不报忧时，我们实质上得到的是假进展而非真进展。对这种情况，要在双周会后和团队成员进行深入的一对一沟通，让他们意识到这样做的危险。OKR 鼓励公开透明和开放坦诚，每个人都应实事求是地呈现 OKR 的真实进展情况，哪怕它是不好的。当发现 OKR 推进不顺利时，团队主管首先要做的不是去指责和追责，而是一起和团队成员分析出现这种情况的原因是什么。这样做就会打消团队成员真实呈现OKR推进阻碍的疑虑。

一对一沟通时，除了关注团队成员的OKR推进阻碍，还应该关注团队成员的成长：

- 团队成员是进步了，还是落后了，或者只是在原地踏步？
- 他有什么新的发展诉求吗？
- 作为团队负责人，我能给他什么新的发展机会、锻炼机会吗？

就这些问题的沟通，可以让团队成员感受到：你是真正的关心他，而不仅仅是像推土机一样在推进工作。你和团队成员的信任感也会因此而加强。

在一对一沟通过程中，管理者应把自己定位为教练（coach），目的是启发员工做更深层次的思考，帮助他找到问题以及解决问题的具体办法。员工，而非管理者，才是克服其所面临的挑战的最佳人选，要帮助他们自己找到答案，而不是由管理者告诉他们答案，管理者只是引发员工思考的诱导剂。管理者要利用观察到的事实、现象或数据，通过开放式提问的方式去启发员工。一些可能会用到的开放式问题诸如：

- 你的担心是什么？
- 你最希望做成什么样？
- 下次再遇到类似事情时，你会怎么做？
- 当初你是怎么想的？
- 当时你的感受是怎么样的？
- 其他人可能会怎么想？

来看一个主管如何辅导员工在会议中开小差的例子，如表4-5所示，或许大家会对教练式辅导方法有更深的体会。

表 4-5 传统辅导与教练式辅导示例

传统一对一辅导方法	教练式一对一辅导方法
主管：我注意到，在这次研讨会上你大部分时间都在看手机，没有参加讨论。这会让大家觉得：你在会议中的参与度不够，认为这个会议没有价值。我希望你下次开会时不要再看手机，更多地参与到讨论过程中来。你能做到吗？ 员工：不好意思——主要是最近我有太多急事要处理了。下次我会注意这一点。 主管：好的，谢谢。	主管：你认为我们这次研讨会开得怎么样？ 员工：我觉得还过得去。 主管：只是"过得去"吗？呃……我注意到，在上次研讨会上你大部分时间都在看手机，没有参加讨论。你是有什么事吗？ 员工：不好意思——主要是最近我有太多急事要处理了。下次我会注意这一点。 主管：嗯。不过我还是想和你一起看看，是不是会议本身有什么地方让你难以参与其中，以及我们如何能让你从中收获更多？ 员工：呃……坦率说，那些讨论和我没多大关系，而我又有很多邮件要紧急处理。 主管：所以听上去你是觉得会议没有设计好，以致和你的相关度不大，是这样吗？ 员工：我不太确定。我认为这些研讨会是很有必要的，只是和我的工作关联度不高。 主管：明白了。我之所以和你探讨这一点，是因为当你在会议中这样做时，会让大家觉得：你在会议中的参与度不够，认为这个会议没有价值。而这并不是我们想要的。我们讨论一下，这个会议要怎么样设计，才能让你从中感受到更大的价值，有更多的参与，和你更相关？ 员工：也许讨论主题可以更聚焦一些，大家讨论的是一些琐碎的工作项，没有围绕团队 OKR 去展开。 主管：这个想法不错，正好下次也轮到你来主持会议了。你刚才的建议特别好，下次我们就讨论讨论团队 OKR 的最新进展。关于如何进一步提升会议的价值这一点，你还有其他建议吗？ 员工：我想下次围绕团队 OKR 研讨就是个不错的开始，暂时没有其他更多建议了，如果有的话我会及时和你沟通。特别感谢你刚才的反馈和倾听。

传统一对一辅导是告知式，主管只是单纯指出了员工的问题，并没有和员工一起探讨出现这样的问题的原因，以及未来如何改进。而教练式辅导方法则通过提问的方式，既让员工意识到了这样做带来的不良影响，也探讨了问题原因及解决方法，同时有进一步行动。这会让员工觉得主管是真正想要做得更好，而不是在指责他。教练式和传统式一对一辅导方法一对照，两者效果孰优孰劣，高下立见。教练式一对一辅导方法不仅能帮助员工成长，还能促进管理者和下属之间的信任关系。如果你还记得 OKR

使能飞轮，你一定还记得信任是 OKR 使能飞轮的核心。当信任感建立起来后，OKR 使能飞轮也会转动得更轻松。当然，教练式辅导会更花时间，它需要主管更有耐心。

善于去发现里程碑

OKR 双周会让团队成员彼此看见的，是这两周以来团队 OKR 向前推进的进展。有时，这个进展是微小的，甚至一度让我们觉得好像没有进展。但不少时候，这可能只是我们比较的参照系太过靠近所致。这好比春天的禾苗，如果你只是拿它今天的生长高度和昨天的生长高度比，其增长微乎其微，但如果你拿这个月的今天和上个月的今天比，很显然它已经生长了一大截。在 OKR 回顾时，我们要注意找出 OKR "生长"过程中的这"一大截"是什么，把它显性地标识出来，这可以很好地激励团队成员的士气。

例如，一个团队的 O 是"进入国内母婴电商细分市场第一梯队"，这一 O 下有一条 KR 是"Q3 日活跃用户数达到 5000 万"。在团队的双周会上，产品日活跃用户数波动幅度比较大，在第 3 季度第 2 周日活跃用户数均值达到了 1000 万，第 4 周达到了 1500 万，第 6 周达到了 2000 万，第 8 周达到了 2200 万，第 10 周达到了 3000 万，第 12 周达到了 5000 万。单纯看每双周的进展时，第 4 周相比第 2 周跨了一大步，增长了 50%，第 6 周相比第 4 周增长了 33%，第 8 周相比第 6 周只增长了 10%，第 10 周相比第 8 周又增长了 36%，第 12 周完成了设定的 5000 万日活跃用户数目标。对于团队业务的这种发展情况，我们要善于抓住它的关键里程碑，借以提振士气。里程碑有哪些呢？我们可以从增长的速率和增长的总量两个维度去发现：

（1）单周日活跃用户数均值低于 1 亿时，每增加 1000 万记为一个里程碑，例如 1000 万、2000 万、3000 万……以此类推；单周日活跃用户数均值高于1亿时，以5000万为一个里程碑，例如1亿、1.5亿、2亿……以此类推。

（2）单周日活跃用户数双周增长率高于30%时，记为一个里程碑。

（3）单周日活跃用户数达到全国前2时，记为一个里程碑。

（4）单周日活跃用户数达到设定的5000万时，记为一个里程碑。

第（1）条和第（2）条是和自己比，第（3）条是和竞争对手比，第（4）条是和目标比。这样，团队KR推进里程碑就如图4-6所示。

图4-6　KR推进里程碑

从这一里程碑图可以看出，除了第8周在总量和增速两个维度都乏善可陈外，团队整体推进进展良好，取得了很多值得庆祝的关键进展，不要吝啬在这些关键节点表达对团队的祝贺，要抓住这些关键里程碑，让大家看到KR取得的进展，借以激励大家一鼓作气，乘胜追击，取得下一个更大的突破。

这是从简单意义上的双周对比寻找的里程碑。如果团队业务发展形势向好，一直在增长，我们可以简单地这样做。然而，很多时候团队的业绩是波动的，很可能这双周的业绩增长不错，下双周的业绩下滑比较厉害，这时，我们就不能简单地像上面这样去发现里程碑了。

举例来说，一个团队在第1～2周的日均销售收入为200万元，而第3～4周的销售收入数据如表4-6所示。

表4-6　团队第3～4周销售收入　　　　（单位：万元）

D1	D2	D3	D4	D5	D6	D7
170	175	160	175	180	250	270

D8	D9	D10	D11	D12	D13	D14
250	280	270	250	250	270	180

团队在第 3~4 周日均销售收入为 224 万元，对比第 1~2 周的增幅为 12%，由于团队所在行业还处于发展早期，竞争对手的增幅在 25% 左右，所以这一增长数据差强人意，算不上是里程碑。而如果我们对照第 3~4 周首尾两日数据，你会更沮丧，第 14 天仅比第 1 天多了 10 万，增幅仅为 5.9%。这是否就是说，团队这两周的表现没什么可圈可点的了呢？是否就意味着团队没有什么值得庆祝的里程碑了呢？

我们不妨将团队这两周的收入数据绘制成一张趋势图来看，如图 4-7 所示。

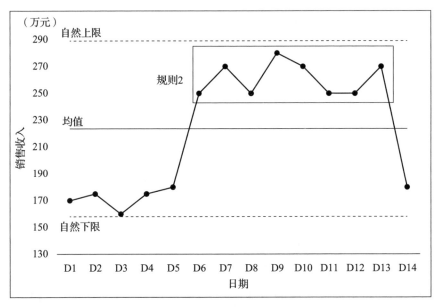

图 4-7 团队第 3~4 周销售收入趋势

如果你还记得在"开好 OKR 双周会"一节中提到的惠勒数据三律，你就会发现：第 3~4 周的销售收入数据中，第 6~13 天连续 8 天的日销售收入均在均值（224 万）的上方，命中了惠勒数据三律的规则 2。惠勒数据三律规则 2 告诉我们：当连续 8 个数据点同时位于均线的同一侧时，意味着系统现在相对稳定地提升到了该位置。对该团队来说，这意味着团队的销售收入稳定地上了一个新的台阶。单纯地看这 8 天时，我们发现其日均销售收入为 261 万元，相比于第 1～2 周的 200 万元增幅达到了 31%，这本身就是一个巨大的增幅，这是一个值得庆祝的里程碑点。我们可以从图 4-8 中的均值数据线看到，团队业绩水平稳定地上到了一个新台阶。

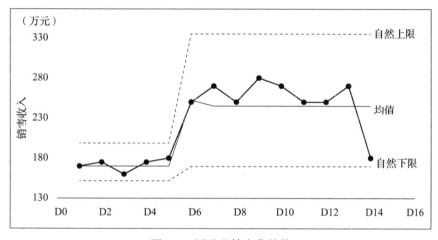

图 4-8　团队业绩变化趋势

当然，我们也注意到，一方面团队的平均业绩水平确实上升了，但介于自然上限与自然下限的区间也变得更宽了，这意味着团队的业绩会出现更大的波动，我们在第 14 天也看到了这一情况。庆祝之余，团队要花点时间系统思考：如何才能减小团队业绩波动幅度。

推而广之，对比较复杂的、业绩存在上下波动的团队，我们可以从惠勒数据三律中的规则中发现隐藏的可能的里程碑点。

规则 1 中隐藏的里程碑点：当任一数据超出自然增长上限值时，这意味着可能出现了有利于我们极大地提升业绩的因素，如果我们能识别出这个因素，就会找到驱动业绩的飞轮。

规则 2 中隐藏的里程碑点：如果连续 8 次业绩均在均线的上方，意味着团队的整体业绩水平上了一个新台阶，这是一个值得庆祝的时刻。

规则 3 中隐藏的里程碑点：如果连续 4 次业绩数据中，有 3 次更靠近自然增长上限值，这也意味着出现了有利于团队提升业绩的因素，如果能找到这个因素，团队相当于就插上了腾飞的翅膀，将朝着更高的业绩水平迈进。

哈佛商学院企业管理学院教授和研究主任特雷莎·M.阿马比尔（Teresa M. Amabile）在分析了大量团队的绩效表现数据后指出：[37]

我们已经看到了进步的力量。这是我们的整个研究中最重要的发现之一：**在有意义的工作上取得进展可以改善工作心理，并提高长期绩效**。真正的进步可以引发诸如满意、高兴甚至喜悦这样的积极情绪。这可以促成成就感和自我价值感，以及对工作和组织（有时候）的积极看法。这样的想法和认知（以及那些积极的情绪）可以培养动机和促进深度投入，这对于持续的高绩效而言是至关重要的。

据此，阿马比尔提出了影响积极工作心理最重要的进步原则：[38]

在影响工作心理的所有积极事件中，**影响力最强大的是在有意义的工作上取得进步**；而在所有的消极事件中，**影响最厉害的是与进步相反的挫折**。我们认为这是一个基本的管理原则：**促进进步是管理者用来影响工作心理的最有效的方法**。即使进步很小，人们对于向着重要目标稳步前进的感觉也完全关系到是会经历美好的一天还是糟糕的一天。

美国绩效管理专家艾伦·L.科尔奎特甚至认为：让员工知道工作进展，比告诉员工你对他工作表现的反馈，更能促进员工行为的转变，因为前者是就事论事的双向沟通，后者是主管的单向人为判断。员工真正想要的不是反馈本身，而是关于工作进展得如何的信息。是进展，而不是反馈在激励着他们。[39]

进展如此重要，但进展有时候又不易察觉，对身处其中的人来说，有时会觉得进展微乎其微。我们要善于去发现进展，总结有意义的进展，用进展去激发员工积极的工作心理。进展可以是一些小"赢",可以是一些小突破,要善于从多维度夫看到事物积极发展的一面。

避免陷入盲目的"搬砖"细节之中

在进行 OKR 回顾时,很多时候我们容易只讲做了什么事,而不讲做了这些事后对 OKR 的推进有多大助益,从而陷入盲目的"搬砖"细节之中。

举例来说,我们有一个 OKR 如下:

O:重塑产品用户心智,实现从"便宜货"到"便宜好货"的用户认知转变

  KR1:引入 100 家头部品牌商家,实现 3 年免年费优惠政策

  KR2:建立商品品控体系,分别对 30 个品类前 10 个优秀品控商家返佣 10%

  KR3:拓展 100 多个热门商品的采销渠道,为商家提供价廉物美的采销信息,帮助商家降成本

小李同学负责该 OKR 的 KR1,某次在进展回顾会上,小李这样讲述他的进展:

这两周我同商家引流团队做了交流,以确认他们可能给到商家的增收幅度有多大。目前他们还在做数据推演,预计下周可以给出结果。

你听了小李的描述,能明白小李的 KR1 向前推进了多少吗?显然不能。我们在描述 KR 进展时,应该回答的根本问题是:KR 向前推进了多少,面临什么挑战或风险。因此,小李应该这样来描述:

相比上周,这两周 KR 暂无明显进展,还处于前期准备工作之中。我

们的思路是：先摸清楚我们能为头部商家创造多少价值增益，这样能更好地吸引到优质头部品牌商家加盟，从而让用户感受到我们平台上也有很多好货。因此，我们这两周主要在同商家引流团队进行交流，希望他们能给出一个增收幅度预估数据。目前他们还在做数据推演，预计下周可以给出结果。

这样是不是更清楚些了呢？由于 KR1 是要"引入 100 家头部品牌商家"，从结果维度看，这两周并没有成功引入任何一个商家，所以这两周的 KR 实际进展为 0。在具体行动上，这两周主要在同商家引流团队交流。问题是为什么要同商家引流团队交流呢？因为商家引流团队能提供商家增收数据，这能更好地吸引优质头部品牌商家加盟，对未来 KR1 进展的推进是有非常大的助益的。而 KR1 的目的，就是要吸引更多优质商家，从而提升平台的商品品质和口碑，提升消费者对平台的"好货"认知。

于是，在 OKR 回顾时，虽然我们嘴上讲的是我们具体在做的工作，但目光一定要回归到"这项工作对 KR 到底有什么贡献"这个问题上，同时心里也要始终装着 O，我们是在通过 Action 促成 KR 的达成，通过 KR 实现 O，要避免陷入盲目的"搬砖"细节之中，忘记了我们要建的大教堂，如图 4-9 所示。

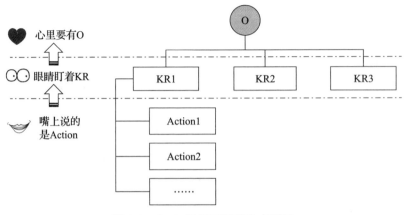

图 4-9　OKR 进展回顾关注点图示

OKR 使能工作量分析

看上去，想要转动 OKR 使能飞轮，我们在实施 OKR 的过程中，既要落实行动学习，也要开好 OKR 双周会，还要做好一对一沟通，可能会有人嘀咕：这是否意味着大大增加了我们的工作量呢？

是的，相比 KPI 那种少过程互动的模式，这肯定会增加一些工作量。

但这些工作量却是非常必要的，它是为了促进团队绩效达成和员工成长而做的有益互动。

行动学习由一个个的具体行动项触发，致力于以小团队为单位，在干中学，学中干，团队成员的能力在此过程中得以不断精进，团队业绩在此过程中也得以不断推进。

OKR 双周会每双周召开一次，团队成员一起阶段性地回顾团队 OKR 整体进展，并通过一个个小的里程碑鼓舞团队士气。

一对一沟通按需展开，是管理者和员工深度交流的窗口。管理者既可以就员工在 OKR 开展过程中遇到的困难进行单独辅导，也可以为员工取得的阶段进步由衷鼓掌，还可以指导员工未来的职业发展，让员工感受到管理者不仅关注事，也关注人，双方建立起良好的信任关系。

行动学习、OKR 双周会、一对一沟通都发生在实施 OKR 的过程中，它们让所有的反馈都来得恰到好处，这些反馈能帮助我们看清当下的位置，能指导我们更好地去向目的地。它们避免了传统的一年一次或一年两次才进行绩效评估的做法，那个时候反馈为时已晚，一切都已盖棺定论，除了懊悔或窃喜，员工还能做什么？

作为管理者，你所做的一切，不都是为了让团队产出更高绩效吗？不都是为了让团队更加兵强马壮吗？从这个角度思考，你会反对为此而增加的必要的工作量吗？

一分耕耘，一分收获，请用心、用力地转动你的 OKR 使能飞轮！

第 5 章

OKR 五昧真火之三
OKR 复盘

———

你从起点来，朝着山顶去，一路走过了不少崎岖与坎坷，经历了不少荆棘与泥泞。也许，你正朝着目标大踏步迈去，山顶就在眼前；也许，你依旧在原地打转，"不识庐山真面目"。但不管怎样，我们已经走了好一阵子了。苏格拉底说："少了省思的生命根本没有意义（The unreflected life is good for nothing）。"[40] 现在，是时候停下来，对这段旅程做一次复盘了。

复盘原本是围棋学界的一个术语。优秀的棋手在每次下完围棋之后，都要把曾经走过的棋局重新再走一遍，并分析当初为什么要这样走，这样走有哪些得与失。通过对下棋过程进行推演，棋手能从中学习到很多经验和教训，从而在棋艺上不断精进。

后来，复盘逐步被引入企业界。联想、阿里巴巴都十分擅长通过复盘，不断沉淀组织能力。复盘的灵魂是把做过的事情从头再走一遍，分析过程得失，总结过程规律，让优秀的地方在未来持续优秀，同时让自己在未来不再踩同样的坑。

很多人把复盘做成了总结。事实上，复盘不等于总结。总结是站在当下看过去，对过去已发生的事件的得失进行分析、归纳和总结，它关注的是过去发生的那些关键点和里程碑。复盘则更进一步，它是对过去发生的事实进行深度还原，并在此基础上进行结构化的过程推演：

- 当初我为什么要这么做？当时是怎么考虑的？
- 假如当初我不那么做，而是这么做，会发生什么不一样呢？
- 未来如果再来一遍，应该怎么做会更好？

复盘既要站在当下看过去，同时也要站在当下看未来。它不仅仅是对过去发生的事打一个结，更是为未来提供一种赢的可能。

很多公司的高管都希望自己的企业能成为彼得·圣吉所描述的学习型组织。复盘就是一种非常好的组织学习方式。通过复盘，组织避免了猴子掰玉米式的学习过程，通过一次又一次的复盘，组织得以不断地向过去学习，向未来延展，呈现一种螺旋上升的进化态势。这样的组织，假以时日，必将日益精进，无往而不胜。

那么，OKR复盘应该怎么开展呢？

我在推行OKR的过程中，总结出了OKR复盘的OS-GAMES方法。OS是OKR复盘的心法，英文有"操作系统"之意；GAMES是OKR复盘的具体招式，英文有"游戏"之意。OKR复盘就是要在OKR的操作系统上，打赢组织进化这场游戏。

OKR复盘心法：OS

曾经，我在企业中分享OKR复盘经验时，一位企业的朋友问道：

我们部门的管理者都比较内敛，开会时大家总是客客气气的，不愿意提别人的问题，对这种情况，要怎么做才能打开大家的心扉呢？

这位朋友提的问题绝非个例，它在很多企业中都普遍存在。每个人都有自己的盲区，每个人又都希望自己是优秀的，不愿意看到自己的短板和不足，尤其不愿意被别人指出自己的不足。但如果我们不走出这一心理防卫，复盘就只能做到蜻蜓点水，浅尝辄止。复盘既是复事，更是复心，心门不打开，事情就会被心门挡在外面，复盘就复不深入。

麻省理工学院教授、企业文化理论之父埃德加·沙因（Edgar Schein）指出：心理安全感能帮助组织成员克服防卫心理，让他们把关注焦点放在集体目标和问题预防上，而非聚焦自我防卫。[41]哈佛商学院领导力和管理学专业教授艾米·C.埃德蒙森（Amy C.Edmondson）发现，心理安全感并非单个员工个体的特性，而是团队的一种群体特征。当人们感知到自己处于一个心理安全的环境中时，他们会乐于提出自己的想法、问题与担忧。心理安全感能带来七大好处，[42]详见表5-1。

表 5-1 心理安全感的七大好处

序号	心理安全感带来的好处
1	**直言不讳**：对所知道的，或想要提出的问题直言不讳地提出来，而不用有太多顾虑
2	**清晰阐明想法**：当大脑被恐惧所激活时，大脑会缺乏神经系统的处理能力，不能正常开展探索、设计或分析。而当工作中拥有一种心理安全氛围时，可让员工大脑神经系统处理能力最大化，从而可清晰阐明自己的想法并提出建设性见解
3	**促进建设性冲突**：心理安全感促进自我表达，敢于挑起能带来有益成果的冲突
4	**减轻失败感**：心理安全的氛围会减轻失败感，从而更容易接受失败并从失败中学习
5	**促进创新**：真诚交流的范围有利于各种不同观点的充分碰撞，从而促进创新
6	**精力聚焦**：带着心理安全感，成员更容易将精力集中于团队目标而非自我保护
7	**强化责任意识**：心理安全感可营造出一种有担当的气氛，鼓励人们冒一些影响人际关系的必要风险，确保高标准完成具有挑战性的任务，而不是放任自由散漫的工作氛围

心理安全感对开展OKR复盘至关重要，它是OKR复盘的门票，直接决定着你能否真正走进OKR复盘的大门。所以，在OKR正式复盘前，我们要花点时间、花点精力，帮助大家建立心理安全感，避免一上来就干

巴巴地直奔主题，那样只会适得其反。

怎么样才能建立大家的心理安全感呢？答案就隐藏在 O、S 这两个字母之中。

O 代表 open，意指开放自我。

OKR 复盘不是要问责，也不是用来做考核。这是 OKR 复盘能否做好的一个基本前提。如果你把 OKR 复盘做成了一个问责会，那大家一定会在会上拼命捍卫自己过去的做法，拼命为自己的过错辩解，更不用说要大家往深层次再去剖析自己了。所以，你要打消大家对复盘的疑虑，清楚明白地告诉大家：

- OKR 复盘是为了促成组织和个人的共同进步，是大家一起照见过去和看见未来的过程。
- OKR 复盘结果不做任何物质上的应用。

只有这样，才能帮助大家消除心中的防卫意识，客观地去面对他们过去的得与失。在 OKR 复盘会上，建议：

- 开放是内心的第一操作系统。
- 实事求是地呈现自己过去推进 OKR 的过程。
- 毫无保留地袒露自己过去做事的心路历程。
- 努力站在旁观者的角度去看待 OKR 的得与失。

除了要具备心理安全感，组织成员还应当有很强的责任感（见图 5-1）。

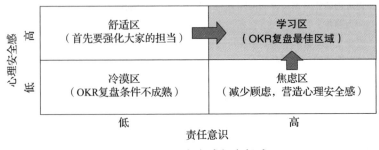

图 5-1 心理安全感与责任感

- 一个组织，当它的成员具备很高的责任意识，同时又具备很高的心理安全感时，组织就进入了最佳学习区（图 5-1 右上角区域），这是 OKR 复盘的理想境界。
- 一个组织，如果它的成员没有责任感，同时大家在组织中也没有心理安全感，组织就处于冷漠区（图 5-1 左下角区域）。此时，组织成员对什么事都表现出漠不关心的态度，相互之间经常钩心斗角，工作也是出工不出力。在这种情况下进行 OKR 复盘就毫无意义。
- 一个组织，如果成员有很高的心理安全感，但是责任意识淡薄，大家就会表现得和和气气，什么事都是"友谊第一、成事第二"的心态。这个时候的组织处于舒适区状态（图 5-1 左上角区域）。要敢于打破大家的心理舒适，把猴子背在他们背上，让他们更有担当，帮助他们步入学习区。
- 一个组织，如果成员有很强的责任意识，但缺乏心理安全感，大家有很多顾虑和担心，表现得忧心忡忡，组织就处于焦虑区（图 5-1 右下角区域）。对于这种情况，需要在 OKR 复盘前了解大家有哪些顾虑，帮助他们打消这些顾虑，然后就可以顺利进入学习区，拿到 OKR 复盘的门票。

S 代表 sincere，意指真诚助人。

一方面，我们要打开自己，不防卫；另一方面，我们也要真诚地帮助他人看到他们的不足。OKR 复盘是一种集体复盘，OKR 复盘会是一个互相帮助的过程。在 OKR 复盘会上，每个人的内心操作系统都应该是利他的，去帮助他人深层次地剖析他自己，找出他的盲点，也发现他的闪光点，帮助他在未来可以成为更好的自己，成就更好的组织。我曾经参加过一些 OKR 复盘会，我发现，一些成员碍于面子，不敢如实地指出他人的不足之处，说话弯来绕去，听者不知所云，OKR 复盘会好似在猜灯谜。

还有一些成员把大量的时间花在了赞美他人的闪光点上，结果 OKR 复盘会开成了夸夸会。也有一些成员，借 OKR 复盘会之机，指责他人支持不力、不担责，对他人大倒苦水，把 OKR 复盘会又开成了 OKR 批判会。这些都是不对的，要坚决避免。在 OKR 复盘会上，建议：

- 利他是内心的第二操作系统。
- 表达直截了当，不绕弯子。
- 剖析问题和寻找闪光点的比例应控制在 7∶3 以上。
- 基于事实，控制情绪，对事不对人。

为了在 OKR 复盘会上营造出开放与真诚的氛围，我一般从如下几个方面着手。

会前抽样访谈

一定要提前了解大家对这次复盘的看法，了解他们对复盘的顾虑。尽可能在会前就打消大家对复盘的负面看法。

场地布置

场地应尽可能不要选在办公区，可以选一个静谧的茶馆，或者景色宜人的酒店。这样的地点选取可以把大家拉离工作时的紧张和竞争氛围，让大家在心理上放轻松。另外，在会场座位安排上，如果参会人员比较多，可以让大家围坐成一个个小圈；如果参会人员比较少，可以让大家围坐成一个大圈（见图 5-2），这样有助于拉近彼此的距离，减少防卫，打造 open（开放自我）和 sincere（真诚助人）的氛围。

创造曝光机会

参会者的性格各不一样，有的参会者讲起来会滔滔不绝，而有的参会者又总是沉默寡言。为了在正式复盘会时撬开沉默寡言者的口，同时又管好滔滔不绝者的嘴，可以在正式复盘会前设计一些小小的环节，例如，给每人100秒时间,要求在这100秒内分享自己近期的一件丑事(或其他让自己觉得有些挫败、不开心的事)和一件好事(或其他让自己觉得有趣、令人兴奋的事)。分享得好坏无关紧要,重要的是让每个人都开口说话,并在这个过程中让他们感受到被其他人接纳,营造出一个安全的复盘场域。同时,100秒分享时间这一限定,也提前让参会者意识到了做好分享时间控制的重要性。

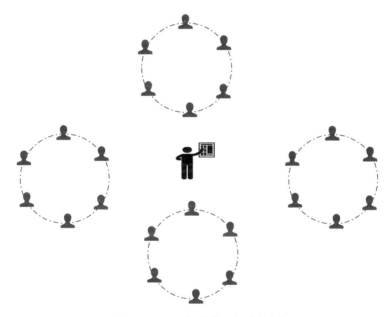

图 5-2　OKR 复盘会现场座位图

正式复盘前宣读复盘的"最高原则"

为了避免复盘过程变成批斗会,建议在复盘正式开始前,向所有参会者强调一个复盘原则:

无论我们发现了什么,考虑到当时的已知情况、个人的技术水平和能力、可用的资源以及手头的状况,我们理解并坚信:每个人对自己的工作都已全力以赴。

这一原则是复盘专家诺姆·柯思（Norm Kerth）提出的，他把这称为复盘活动的最高指导原则。我对此非常赞同，复盘不应该变成一场人身攻击，复盘是为了从过去寻找到可以制胜未来的有益参照，不重复犯同样的错误，把偶然的成功变成必然的胜利。

这非常重要！

艾诺·凡戈·科里（Aino Vonge Corry）曾分享过一个不这样做导致的反面案例。[43] 在这个案例中，项目团队在经历了一阵持续的加班加点冲刺之后，仍然失败了。应该说，每个团队成员都很辛苦地在为项目付出，除了皮特。他每天按时回家（他以为没有人注意到自己偷偷溜出去），而且早上很晚才到公司。团队其他成员在私下早就对他有意见了。于是，在正式复盘前，大家一致认为，要在复盘时把皮特责任心缺失这一问题直接指出来。在复盘活动上，复盘引导师没有向大家强调复盘的这一"最高指导原则"，因为他担心大家会对这一原则嗤之以鼻。此后，当复盘引导师让大家分析是什么原因导致了这次项目的不尽如人意之处时，几乎除皮特外的其他每个团队成员都在便笺纸上写下了皮特的名字。很明显，大家把矛头指向了皮特，认为他是导致项目失败的最大原因。当皮特看到如此之多的指责时，他一言不发地离开了复盘会现场。这让其他团队成员感到很错愕，他们原本希望皮特能向他们道歉或解释一下自己曾经的行为。然而，这一切并没有发生。会后，当复盘引导师私下找皮特交流时才得知，原来皮特在项目期间早走晚到的原因是他的妻子患了绝症，导致他在近期工作中没能尽责。如果我们在复盘开始前强调一下复盘的"最高指导原则"，让皮特感到心理安全且安心的话，皮特也许会分享这个情况。然后，团队可能会找到在这种特殊时期皮特和大家合作的更好方式，或者帮他多分担一些，或者向公司申请额外的项目人力的支持。这样，这个团队会更多一些理解和支持，而不是抱怨和指责。

这是在复盘会前能做的几点。除此之外，更为重要的是，团队管理者要把功夫下在平时，在日常管理中要做到坦诚、真实，重视复盘，把复盘视为组织进化的机会，催生 OKR 复盘的氛围。

OKR 复盘招式：GAMES

GAMES 代表 OKR 复盘的五个步骤。

第一步，回顾目标（Goal）：当初制定的目标是什么？目标包括 O 和 KR 两部分。

第二步，描述举措（Action）：围绕 OKR，实际做了哪些动作？

第三步，评估结果（Measuring）：当前 OKR 整体达成的情况如何？

第四步，探究规律（Exploring）：当时开展的哪些举措是有效的？哪些举措是无效的？如果重新再来一次，怎么做会更好？

第五步，总结沉淀（Summarizing）：整体回顾整个过程，有哪些得与失？哪些是对未来仍有启示，需要在未来加以注意的？哪些是场景相关，只在当时当下才会发生的？

接下来我将以一个案例，带你体验用 GAMES 招式进行 OKR 复盘的奥妙。

第一步：回顾目标（Goal = OKR）

首先来回顾一下，当初我们定的目标是什么。这里的目标包括 O 和 KR 两部分。图 5-3 是某公司 HR 团队的一个 OKR，该公司要建立有公司特色的 OKR 体系，而非简单照搬国外谷歌公司的 OKR 实践，或者国内字节跳动公司的 OKR 实践，以期整体提升公司的目标管理能力。这是该 OKR 中的 O。在这个 O 下有 4 个 KR，首先是要开发出公司的 OKR 赋能体系，此外也要积极进行 OKR 试点，同时还为了提高大家变革的紧迫性，计划在公司管理者大会上，由创始人团队亲自发布公司的目标管理现状调研报告，并正式宣布公司的 OKR 开展计划，拉开 OKR 全面推行的大幕，在这之后，要让所有管理者完成 OKR 赋能体系的学习并通过公司的 OKR 认证，以确保在工具层面所有人的理解是一致的。

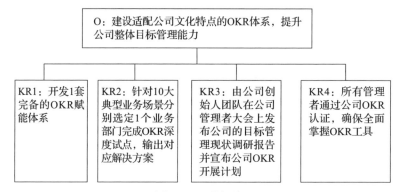

图 5-3　回顾目标

第二步：描述举措（Action）

那么，针对这一目标，我们采取了哪些关键举措呢？我们以 KR1 为例来回顾一下（见图 5-4）。

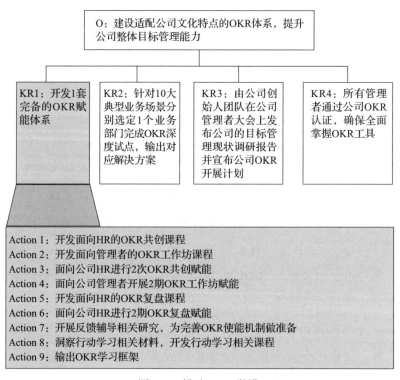

图 5-4　描述 KR1 举措

如图 5-4 所示，KR1 是要建设公司的 OKR 赋能体系，这套赋能体系包括 OKR 共创、OKR 回顾、OKR 复盘三个大的环节，分别落入了 9 大 Action 中，至此，O-KR1-Action 的完整图景就描述清楚了。

第三步：评估结果（Measuring）

那么，KR1 完成得怎么样呢？接下来我们要对 KR1 的完成情况做一个评估。KR1 是由小张、小王和小李一起实施的，小张是第一负责人，于是此时，小张拉上小王和小李一起来评估。小王认为，从目前的完成情况来看，按 0～1 分打分的话，他觉得 KR1 可以给 0.7 分，理由是 OKR 共创及 OKR 复盘的课程均已开发完毕，同时也面向 HR 进行了相应的赋能。小李略有不同的意见，他认为虽然 OKR 共创及 OKR 复盘课程已经开发出来，但成熟度还不够，需要再进行完善，他给 KR1 打了 0.5 分，认为还需要继续努力。最后，小张发言了，他认为，KR1 的关键是要开发完备的 OKR 体系，落脚点在"完备"两个字上，什么才叫完备呢？应该涵盖 OKR 开展的全过程，而目前，他们只做了一头（OKR 共创）和一尾（OKR 复盘），中间的 OKR 使能环节还没有像样的产出，并且已开发出来的赋能材料成熟度也不够，所以他认为 KR1 至多只能打到 0.5 分，还有很多做得不够的地方。三人又讨论了一会儿，认为小张分析得有道理，于是最后把 KR1 的得分定格在 0.5 分。

在完成对 KR1 的整体评估后，接下来继续分析各个 Action 的有效性（见表 5-2）。

表 5-2　分析 Action 有效性

KR1：开发 1 套完备的 OKR 赋能体系	0.5 分
Action	有效性评估
Action 1：开发面向 HR 的 OKR 共创课程	高
Action 2：开发面向管理者的 OKR 工作坊课程	中
Action 3：面向公司 HR 进行 2 次 OKR 共创赋能	中
Action 4：面向公司管理者开展 2 期 OKR 工作坊赋能	低
Action 5：开发面向 HR 的 OKR 复盘课程	中

（续）

Action	有效性评估
Action 6：面向公司 HR 进行 2 期 OKR 复盘赋能	低
Action 7：开展反馈辅导相关研究，为完善 OKR 使能机制做准备	低
Action 8：洞察行动学习相关材料，开发行动学习相关课程	低
Action 9：输出 OKR 学习框架	高

从表 5-2 中可以看到，Action 有效性为"高"的项只有 2 项，为"中"的项有 3 项，为"低"的项则有 4 项，所以还是存在不少可以改进的地方的。

第四步：探究规律（Exploring）

看了第三步对 KR 和 Action 的评估，相信你已意识到了这里面存在的差距，接下来需要对当初的开展过程做一次推演：

- 那些之所以有效（有效性为"高"和"中"的项）的 Action 为什么会有效？
- 那些不那么有效（有效性为"低"）的 Action 为什么会无效？
- 如果再来一次我们会怎么做？
- 还需要增加哪些 Action 进来，以帮助 KR1 更好地达成？

我们来对 KR1 的 Action 有效性进行分析，如表 5-3 所示。

表 5-3 Action 有效性分析

KR1：开发 1 套完备的 OKR 赋能体系			0.5 分
Action	有效性评估	Action 有效性分析	再来一次会怎么做
Action 1：开发面向 HR 的 OKR 共创课程	高	结合外部实践，成功开发了 1 门面向 HR 的 OKR 共创课程，既吸收了外部实践中有利的方面，也加入了公司的独特元素，同公司现有管理体系适配性较好	赋能课程可以引入外部资源以及公司内部培训团队联合开发
Action 2：开发面向管理者的 OKR 工作坊课程	中	开发了面向一线主管的 OKR 工作坊，但课程中案例部分偏少，整体课程完备性还有待加强	引入管理者联合开发，这样可以丰富课程中案例部分

（续）

Action	有效性评估	Action 有效性分析	再来一次会怎么做
Action 3：面向公司 HR 进行 2 次 OKR 共创赋能	中	实际赋能了 100 名左右的 HR，整体开展效果中等，大家认为课程对他们实际进行 OKR 共创有帮助，但希望能多一些场景案例	由于公司 OKR 才刚开始，案例积累还不够，但这块可以通过与外部讲师合作，将外部案例内化为内部案例，为大家提供更多场景案例
Action 4：面向公司管理者开展 2 期 OKR 工作坊赋能	低	完成了 2 期 OKR 工作坊，但管理者反馈课程比较初级，缺乏内部实践案例，离实际业务场景有距离，对实际工作指导意义有限	联合部门 HR 一起丰富课程案例
Action 5：开发面向 HR 的 OKR 复盘课程	中	完成 OKR 复盘课程的开发，OKR 同复盘紧密结合，方法论层面相对完善	引入外部复盘教练联合开发
Action 6：面向公司 HR 进行 2 期 OKR 复盘赋能	低	只完成了 1 期 OKR 复盘赋能，但在外部教练引入环节比较失败，引入的外部教练不熟悉互联网场景，复盘演练部分效果不好，另外课程本身也缺乏具体的案例	提前同外部教练模拟演练，以筛选经验更丰富的外部教练进行实操
Action 7：开展反馈辅导相关研究，为完善 OKR 使能机制做准备	低	做了一些反馈相关的学术研究，但还比较脱离具体业务实践，没有形成落地方案	不急于开展 OKR 复盘的赋能，而是先在内部进行试点，仅在联合实践 2 次以上，积累了丰富的 OKR 复盘经验后再开展更大层面的 OKR 复盘赋能
Action 8：洞察行动学习相关材料，开发行动学习相关课程	低	洞察了目前与行动学习相关的几乎所有外部资料，但在考虑如何结合公司文化特点去生成课程方面思考得比较少，没能形成课程初稿	引入外部行动学习专家联合开发课程
Action 9：输出 OKR 学习框架	高	将 OKR 共创、OKR 使能和 OKR 复盘连为一体，生成了完备的 OKR 推行框架	宣传力度可以更大一些，不少部门 HR 反馈并不知道这个框架

还需要增加哪些 Action，以帮助更好地达成 KR？

还可以再增加 2 个 Action：
Action 10：征得 1～2 名公司高管的评审参与，以提升课程和业务战略的适配性
Action 11：对公司管理者过往目标管理短板进行系统分析，尝试在 OKR 赋能课程中解决

第五步：总结沉淀（Summarizing）

在正式进行 KR 总结前，先让我们花点儿时间讨论一下：在总结沉淀部分我们究竟要输出到什么程度。

总结是要生成团队的简单规则

总结不是简简单单地对过去发生的事情物理性地打一个结。总结应该源于过去，但又高于过去。总结是对过去发生的经验与教训的化学合成。如果你在探索规律阶段提炼出了 2 个氢原子和 1 个氧原子，那么在总结沉淀阶段，你需要把这 2 个氢原子和 1 个氧原子化学合成 1 个水分子（H_2O），这才是总结沉淀阶段的要义所在。总结是要在事情的原因和结果之间找到关联，把一次成功变成可重复的成功，把一次失败变成永不再现的失败。

组织中往往不缺条分缕析的复杂规定。这些规定多如牛毛，很多时候甚至能把制定这些规则的人也弄得晕头转向。华为公司过去就是这样，为了确保产品的可靠性，公司不断地发布一个又一个规定，新规定在发布的同时，老规定又没有废止，并且新规定和老规定之间还经常"打架"和不兼容。事实上，在组织中真正发挥作用的规定少之又少，斯坦福大学教授凯瑟琳·M.艾森哈特（Kathleen M.Eisenhardt）把这些规则称为简单规则。凯瑟琳指出：在一个复杂的商业世界中，规则越简单，组织越不易被繁文缛节捆住手脚，越能展现超强的生命活力。例如，在围绕员工如何花销、如何出差、可以接受何种馈赠这类问题上，大多数公司都制定有复杂的政策，并建有专门的内审部门来审查员工出差报销的合规性，但 Netflix 则另辟蹊径，只有一句话、5 个英文单词："Act in Netflix's best interest"（以最符合公司利益的方式行事）。"最符合公司利益"指的是：

- 花你应该花的钱，否则就别花，而且这钱应该是为了工作。
- 出差时就像是在花你自己的钱。
- 披露重要供应商提供的礼物。
- 只在不占有公司资源会影响工作效率或不合逻辑时，才这么做。

很显然，这条简单规则比花上一个长长的文件去规定哪些项目可以报销、每个项目可以报销的金额上限、可以占用公司的哪些资源要有生命力得多。这条规则可以刻印在每个员工心里，冗长的报销规定文件则只会存在于员工的电脑里。

凯瑟琳教授在其所著 *Simple Rules: How to Thrive in a Complex World*（《简单规则：如何在复杂的世界中野蛮生长》）一书中还介绍了这样一个企业案例：

20世纪90年代末，巴西货运铁路的状况非常糟糕，其运输线路中约50%的桥梁需要修复，20%的桥梁即将垮塌，另外还有几十列过时几十年的蒸汽列车仍在运行。1997年，拉丁美洲物流公司从巴西铁路局分家出来，负责接手管理巴西8条运输线路中的一条。公司新管理层面对的，是过去铁路局乱花钱、人浮于事的官僚作风。为扭转局面，公司制定了4条简单规则。

（1）**收益优先**：将钱投在短期内就能带来更多收益的项目上。

（2）**成本优先**：在选择方案时，优选最省钱的方案。

（3）**速度优先**：在确定行动选项时，优选能快速解决问题的选项。

（4）**物尽其用**：能重复利用的物资尽可能重复利用，减少外购。

这四条规则看似目光短浅，但对于刚刚从官僚体系中脱胎出来的拉丁美洲物流公司来说，就是需要"乱世用重典"。推行这4条规则后，公司很快就走出危机。三年后，公司营业收入增加了50%，税息折旧及摊销前利润增长了2倍。2004年，公司成为拉丁美洲最大的独立物流公司，拥有拉丁美洲最大的铁路运输网，被评选为巴西最好的雇主之一，效果可谓立竿见影。[44]

上文提到华为公司的流程有一定臃肿性，华为公司后来认识到了这一点，针对性地制定了一条简单规则，即"日落法"：

每增加一段流程，要减少两段流程；每增加一个评审点，要减少两个评审点。

公司以此日落法指导内部各种精简：

- 2016年10月26日，在"质量与流程IT管理部员工座谈会"上明确提出：流程必须持续简化，IT应用及文档文件要贯彻日落法。
- 2017年1月11日，任正非在市场工作大会上指出："人才也要贯彻日落法。"
- 2017年12月18日，任正非在落实日落法推动小组座谈会上讲话时强调：用3～5年时间逐步将管理体系进行简化，改变华为30年来积淀的复杂管理问题。

伴随日落法的实施，华为公司的流程大为精简，效率显著提升。更为关键的是，日落法现在深入人心，流程、制度制定者在发布新规时，都会在潜意识里去审视过去历史上的旧规则，以确认只在必要时才新增规则。

在OKR复盘时，我们需要总结出像Netflix、拉丁美洲物流公司和华为这样能指导未来行动的普遍的简单规则。

探究规律环节要尽可能多地做加法，不错失曾经经历的每一个关键场景和心路历程，就仿佛是在对过去进行现场回放一般；总结沉淀环节则要尽可能多地做减法，让经验高度精简和凝练，就像军事家在思考兵法一样。总而言之，探究规律是要把书读厚，总结沉淀则致力于把书读薄。

生成基于KR1的简单规则

我们已经对KR1的Action进行了全方位的剖析，并且已知道了总结沉淀环节要输出到什么程度。现在，是时候对KR1进行总结沉淀了。

我们发现，在整个过程中，我们做得比较成功的是：

- 梳理出了OKR共创及复盘课程体系，初步形成了大闭环，不再像以前那样只是单点的OKR共创了。
- 通过OKR共创和复盘赋能，积累了一些口碑影响力和实践案例，OKR实践在逐步内化，同公司现有管理体系融入度更高。

也有一些做得不足的地方：

- 还只是少数精英分子在开展 OKR 赋能体系的建设，对广大"人民群众"的卷入度不够，没有充分利用他们的智慧。
- 在引入外部实践时，一定要提前多进行模拟，在充分发挥外部教练专长的同时，更要注重消除水土不服现象。
- 赋能体系全链条出现了"虎头豹尾蛇腰"现象，开始部分的 OKR 共创和结尾部分的 OKR 复盘投入了过多的关注度，但对 OKR 使能部分则缺乏足够的关注度。

更进一步，如果跳出 KR1 和 KR1 的 Action 本身，我们能总结出什么打法以供未来借鉴？

我们总结出了在开发赋能体系时应注意的 3 条简单规则。

- **内外兼备**：既要调用外部资源，也要注重它们如何才能更好地适配公司业务和文化特点。具体来说，外部可以输入通用部分，但内化则需要依赖自己。
- **训要过三**：在开展公司层面赋能前，至少应在 3 个业务团队进行相应的试点，积累一定的实践案例，这样才能更好地提升课程的效果。
- **无高管不培训**：只有业务管理者重视培训，赋能才能真正转化为行动。因此在赋能体系开发项目组织，必须有公司高管担当顾问和评审角色，否则培训就会变成只是 HR 的事，业务人员只是被动参与，大大影响培训效果。

这 3 条规则既适用于 OKR 赋能体系的开发，也适用于后续其他赋能体系的开发。这样，它们既源于实践，同时也高于实践，形成了更一般的规律，值得以后遇到类似事情时借鉴。

循环往复，不断更新 KR1 的简单规则

上面总结的 3 条简单规则，仅是基于 KR1 的，伴随着对 KR2、KR3

和 KR4 的复盘，你会不断地有新发现。因此，你需要不断地把 KR1 总结沉淀的 3 条简单规则叠加上去审视，是否可以再凝练些？是否可以更上一层楼从而更具普遍指导意义？把每一次复盘总结中发现的简单规则，放在更大的熔炉中去淬炼，生成更为精炼有效的简单规则。

我们发现，"内外兼备"这条简单规则是经得起检验的，在 KR2 进行部门试点，以及在 KR3 影响高管时，外来的和尚好念经，并且由于外部 OKR 专家通常对公司的业务和管理现状不会先入为主，因此更容易站在第三方中立视角，更客观地看到组织存在的问题。所以在前期赋能环节，适当地同外部顾问合作，有利于意识层面的"松土"。但完全依赖外部专家，也是不现实的，在进入项目立项实施之后，就主要依赖于内部资源了。

"训要过三"这条简单规则，可能对于赋能课程的开发是有利的，但在复盘 KR2 时我们发现，不同的业务团队情况迥异；有的是 2B 业务属性，注重的是对目标达成共识；有的是 2C 业务属性，注重的是对目标进行从 0 到 1 的共创；还有的是销售业务属性，注重的是任务而非目标……所以，"训要过三"这条简单规则需要做一个补充说明，这里的"三"要代表三种典型场景，而不能是同一场景的三个业务部门，那样就会缺乏代表性。

"无高管不培训"这条简单规则，大体上方向也是对的，只不过在复盘 KR2 时我们发现，对于 2C 属性的业务，高管的参与不一定能带来像 2B 属性业务一样的示范效应，这主要是因为 2C 强调的是小团队作战甚至是单兵作战，一个或几个员工就能做出一款爆款产品来，带来巨大的业务收益。因而在这样的团队里，团队成员更推崇草莽英雄，而非高高在上的高管。所以，"无高管不培训"需要设置限制条件，它更多适用于 2B 场景，在 2C 场景应用时，需要谨慎。

当然，在复盘 KR2、KR3 和 KR4 时，又增加了如下 1 条简单规则。

▪ 授胜于行：让管理者掌握 OKR 工具的最好方法，是让他们作为讲师去授课,这比让他们学习一千份材料的效果还要好上一百倍。

这条规则主要是结合 KR2 和 KR4 发现的,在对管理者进行 OKR 认证时,我们发现有一些管理者在学完赋能课程后直接就进行认证,并且通过了公司认证,但在回到团队具体应用时却很难将其所学转化,也少有管理者真正行动起来。后来,公司对认证机制进行了升级,要求要通过认证,必须作为讲师在部门至少讲一次课,这下效果立马出来了,那些进行过至少一次授课的管理者,在 1 个月内都制定了本团队的 OKR 实施计划。对他们的访谈追踪发现:真正让他们深度掌握 OKR 的,是他们作为讲师授课这个环节。而这一做法,正是伟大的物理学家费曼(Richard Feynman)一直秉持的终极学习法[45]:检验你是否掌握一项知识的最终途径,是看你有没有能力把它传播给另外一个人。这种以教代学的方法真的很有效。

需要注意的是,总结沉淀环节生成的简单规则不能过多,至多不超过 10 条,最好 3～5 条,当规则多于 10 条时,就很难再称其为简单规则了。在这方面,我们可以效法华为采用日落法:当规则多于 10 条时,每增加一条新规则,对应删除两条老规则,以确保简单规则始终简单。在实际操作中,每次 OKR 复盘时,我们都会把上一次复盘生成的内容再做一次回顾,看是否有共通之处,不重复造轮子。很多时候你会发现,简单规则就那么几条,不同的只是发生的场景,这个时候,我们只需要深化对简单规则的场景解释就可以了。

总结环节还要生成行动计划

简单规则是具有普适意义的成功法则,它是指导团队未来相当长一段时间的行事法则。然而,总有那么些事情,它很小,不足以成为通行法则,却依然对我们达成当下的事情很重要。

以上面的 KR 为例,我们在复盘时发现,复盘课程做得差强人意,是过程中的薄弱点,这件事情并不能因此打住,它还要继续,未来我们应该联合内外专业人士,继续打磨这门课程,再基于 HR 群体试讲 1～2 次,臻于完善之后再向更大群体推行。这是这个薄弱点留给我们在复盘之后应继续推进的一个行动项。还有一个行动项的有效性也比较低，即针对管理者的 OKR 共创工作坊的赋能，管理者反馈也不如预期。针对这一薄弱点，我们计划在下一步不再组织通用的大课，而是通过结合部门实际目标制定过程，以在实战中学习的方式去提升管理者的目标共创能力。为此，我们需要卷入更多的部门 BP（业务伙伴）和有 OKR 开展意愿的主管，以更好地帮助部门开展高质量的 OKR 共创。

这样，我们就生成了如下 2 个行动计划。

行动计划 1：联动内外部力量联合开发，完善 OKR 复盘课程。

行动计划 2：开展 OKR 教练赋能，帮助更多部门 BP 和有意愿的管理者掌握 OKR 共创要领，指导他们未来在各自部门更好地制定 OKR。

OKR 复盘招式小结

至此，KR1 就完成了完整的 G—A—M—E—S 之旅。前两步中的 Goal（回顾目标）和 Action（描述举措）是名词，意味着它们是业已发生的事实；Measuring（评估结果）、Exploring（探究规律）和 Summarizing（总结沉淀）是对应动词的现在分词，意味着它们是我们需要在现场开展的诸多动作。通过对每个 KR 进行结构化的 GAMES 复盘，我们可以沉淀出非常多的组织能力点，形成指导组织长期进化的简单规则，以及立即完成当下任务的行动计划，不断地驱动整个组织迭代升级，实现把能力建在组织上的目标。

若非特殊情况，建议你遵循 GAMES 步骤去结构化地复盘，不要轻易跳过其中任一步骤。优秀的复盘是一套组合拳，不是散打。

复盘频度

复盘需要强有力的领导力和纪律，需要心理安全感强的工作环境。复盘必须是有意识和有组织的过程，应定期为团队提供时间和空间进行复盘。在艰难而充满挑战的当今企业环境中，复盘必不可少。

应该多久复盘一次？这要看团队类型。一般而言，团队的业务环境和团队成员越不稳定，复盘周期越短。对不同团队的复盘频度有如下建议（见表5-4）。

表 5-4 不同团队的复盘频度建议

团队类型	描述	复盘频度	单次复盘时长
传统团队	如人力资源、销售或财务团队，它们都以职能为导向，时间越久越稳定	季度	2～4小时
项目团队	以解决问题、创新、变革为导向，具有短期性和跨职能性	双周	0.5～1小时
协同工作组	职能保持不变，组成/成员不断变化	季度	4～8小时
虚拟团队	可能以传统型团队或项目型团队为基础，但很少是协同工作组性质，团队成员通常分布在各地，很少面对面接触	月度	1～2小时

复盘最重要的是结合 OKR 的反思。诚如美国哲学家杜威所言："我们并不是从经验中学习，而是通过反思经验来学习。"所以，请不要害怕浪费时间去复盘。没有复盘过的经验，只是一堆经验的数字堆砌，再多无益。这就好比你收集到了一个个氢分子（H_2）和氧分子（O_2），你只有通过复盘去催化它们发生化学反应，才能把它们变成可见的生命之源——水（H_2O），否则它们什么也不会发生。有时，没有复盘过的经验，甚至会变成一种灾难。就像西方曾经流传了数千年的放血疗法，认为放血可以治百病，甚至连美国开国之父华盛顿也死于这一疗法之下而全然不知。[46]

复盘之后，来次小庆祝

通过复盘，我们找到了更适合团队未来发展的简单规则，并产生了进一步的行动计划。我们也看到了我们取得的成绩。复盘是催化组织实现自我进化的有效机制，我在《盖亚组织》一书中对此有详细阐述。

但我们不应当止步于此！

我们应当乘势来次小小的庆祝，给团队再加把劲，让大家以更大的热情迎接未来更大的挑战。在快速变化的环境里，很多团队往往容易忽视这一点，它们一个项目接着一个项目地进行，却忘记了停下脚步，善始善终地完成这最后5%的收官庆祝。大家在辛辛苦苦完成一个项目之后，已成强弩之末，所有人都需要被充充电，加加能量。庆功会无疑是个很好的方式。

可以在庆功会上向团队成员发点有特色的项目纪念品，或者邀请更上层主管来为大家加油打气，也可以在公司外来一场欢悦的聚会，一起欣赏项目期间大家撸起袖子加油干的场景，以及那些败则拼死相救的瞬间，从情感上再次把大家带回过去一起战斗的燃情岁月，凝聚大家的情感。张小龙曾经给团队成员送过一张祝福卡，上面写着："再多自个儿风光的日子，也比不上一起拼搏的岁月，以此纪念我们共同度过的2011。"[47] 一起奋战的团队感情弥足珍贵，一定不要让它轻易溜走。在紧张的项目之余，稍做停顿，一起来一场酣畅淋漓的庆祝，这是团队未来再度一起"风风火火闯九州"的新起点！

AAR 和复盘

如果你没有跳过上一章，你一定还记得我介绍过的行动后回顾法AAR（after action review）。在OKR开展过程中，常有人问：做了AAR，还需要再做复盘吗？或者是否只做复盘就好了？AAR和复盘有何区别？所以，有必要解释一下AAR和复盘的差异。

AAR是基于Action做快速、轻量的回顾和反思。Action是一个个小步快跑的行动，它服务于KR。检验一个Action是否有效的唯一标准，是看它能否促成KR的更好达成。如果一个Action做完了，但它却无助于KR的推进，那么它就是一个不那么成功的Action。AAR必须在一个行动完成后立即开展，通常只需半小时至1小时即可完成。

复盘是基于OKR做阶段性深度回顾和反思。什么时机开展复盘比较合适？通常有两个时机，一个是基于固定周期的复盘，例如每月做一次复盘；另一个是OKR结束时的总复盘。为什么是月度或双月？因为OKR的通常周期是季度，也就是说每3个月要完成一个OKR闭环，在这种情况下，OKR需要开展3次复盘，其中最后一次复盘是OKR总复盘。那为什么除了这种固定周期的复盘外，还需要再有一次OKR结束时的大复盘？这是由于OKR是动态的，当外部环境迫使一个OKR没有必要再延续下去时，OKR将不得不终结。这个时候我们不能简单地就此了事，我们也需要对这个OKR做一次总复盘，看看我们能从中学到什么：是我们当初对动态环境的预估不足吗？未来我们如何应对这类情况？对这些问题的反思，可以让我们吃一堑长一智，不断提升我们应对环境的能力。

用一张图标示AAR和月度复盘开展的时间线，如图5-5所示。

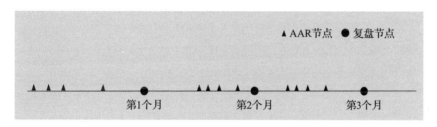

图5-5　AAR和月度复盘开展时间线示意

AAR是行动驱动，行动什么时间结束，AAR就什么时间开展，如果一个Action持续一周才结束，那Action就一周后开展，如果一个Action只花了3天，那就3天后开展……因此在图5-5中它的分布星罗棋布，没有规律。但月度复盘则是一种习惯，就像我们一日三餐一样，当12点的钟声响起时，意味着我们要吃午餐了，当时针指向下午6点时，我们知道该吃晚餐了，所以在图5-5中，月度复盘是规律间隔分布的。

AAR追求及时性，不错过当下，类似空中加油；复盘追求阶段性，更像是驿站小憩时的重整军备。对OKR的开展而言，两者都非常重要。如果过程中的AAR开展得很深入，你在复盘时就会很省心。站在AAR基础之上的复盘，就好似把一颗颗散落各处的AAR珍珠，串联在OKR这根主线上组成一条美丽的项链一般。

第 6 章

OKR 五味真火之四
OKR IT 系统

———

一场成功的变革，等于 80% 的文化变革，加上 20% 的技术变革。

在 OKR 开展的早期，甚至在 OKR 开展的最初一年里，我都不建议企业过早将精力放在关注 IT 系统上。IT 系统一定是为了辅助实现 OKR 理念而生的，它不能取代 OKR 推行过程中的理念松土和方法论赋能。试图通过简单引入一款先进的 OKR IT 系统以快速推行 OKR，是一种本末倒置的做法，大多会以失败告终。请记住，工具只是拐杖，它可以为你提供辅助支撑，但无法代替你行走。很多组织不明白这一点，其结果是：组织的技术系统升级了，但组织里的人的心智系统却没有相应升级，落后的生产关系成为制约先进的生产工具发挥作用的最大障碍。原始部落不会仅仅因为使用了一款现代工具就在一夜之间进入现代社会。

然而，当 OKR 理念松土和方法论赋能工作已经完成，并且 OKR 开展到一定规模之后，如果再不应用 OKR IT 系统，就会有点像现代人回到原始社会一般无力了。你会有一种"巧妇难为无米之炊"的感觉。这个时候，如果能有一款整合、便捷、智能的 OKR IT 系统，那 OKR 的开展就如有神助了。

我在《绩效使能：超越 OKR》一书中，花了一整章介绍 OKR IT 系统的要素。不过，在《绩效使能：超越 OKR》成书之时，企业 SaaS 软件远不如今天这么成熟。彼时，企业办公的数字化才刚刚提上议事日程，很多企业的数字化程度还很低。2017 年初，我曾在华为内网发过一篇文章，批评华为老旧的绩效管理系统（即公司 PBC 1.0 系统）只不过是一个 Excel 文件归档平台，根本不具备任何数字化管理属性。然而，只过了短短几年时间，企业数字化就已变成一股滔滔洪流势不可挡。尤其是 2019 年底的全球新冠肺炎疫情，极大地提升了企业对数字化办公的重视度。如今，无论是天生具备数字化属性的互联网企业，还是传统的房地产企业和餐饮企业，都在竭力推进自己企业的数字化管理进程。

OKR IT 系统作为 OKR 的底层基础设施，要能完整支撑 OKR 创建、OKR 使能以及 OKR 复盘。一个公司推行 OKR，可以没有 OKR IT 系统，但一旦它引入了 OKR IT 系统，它就必须完整地支撑 OKR 创建、OKR 使能和 OKR 复盘这三昧 OKR 真火的修炼。如果从这个语境去描述，OKR IT 系统就是修炼 OKR 前述三昧真火的大熔炉。

支持 OKR 创建

在团队完成 OKR 共创定稿之后，OKR 即可录入 OKR IT 系统了。OKR 的创建操作要做到极简，所见即所得。大多数时候，用户只需要输入 O 的文本描述即生成一条具备默认属性的 O，然后可以按需在 O 下添加多个 KR。

一般来说，一个完整的 OKR 应具备如下属性。

- **公开范围**：哪些人可以看到这条 OKR？系统可以设置一个默认公开范围，例如默认全公司员工可见，用户可以调整公开范围为他希望的范围。常见的公开范围如图 6-1 所示。

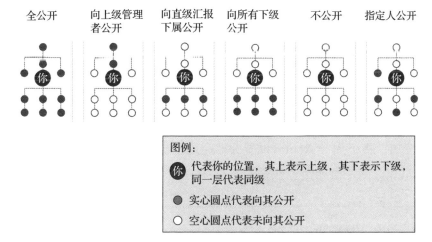

图 6-1　OKR 公开范围图示（源于 Profit OKR IT 系统）

- **计划完成日期**：选择 O 的计划完成日期和 KR 的完成日期。一般情况下，出于简化处理，会将 O 的完成日期设置为 OKR 的开展周期期末。例如，公司以季度为周期在开展 OKR，且第一季度从每年 1 月 1 日起至 3 月 31 日止，那么第三季度制定的 OKR 的 O 的计划完成日期就可以设置为 9 月 30 日。除了 O 要选择计划完成日期外，对每个 KR 也要设置完成日期，同一 O 下各个 KR 的完成日期可以不同，这样就极大地增加了 KR 的灵活性，可以基于实际业务发生情况灵活确定。

- **对齐属性**：在制定 OKR 时，可以指定该 OKR 是在承接上级组织的哪个 OKR，从而在 OKR 建立之初即确定对齐关系。

支持 OKR 使能

独立 OKR IT 系统的最大优势，是它能帮助大家便捷地追踪 OKR 的达成情况。一个完备的 OKR IT 系统，应当支持用户随时修改 O 或 KR，并能实时更新 OKR 的进度信息。OKR IT 系统最好还能以周、双周、月度或者用户指定的其他周期生成 OKR 报告。我在《绩效使能：超越 OKR》一书中列示了华为最早的 OKR IT 系统生成的周报、月报，更灵活的系统应当支持用户调整报告的周期，例如调整为双周或者季度。

一般来说，OKR 是以季度为周期在开展，因此 KR 有时候看上去时间跨度有点长，不便于做进度追踪。为了让 OKR 的进展可追踪，OKR IT 系统应当支持将 KR 展开为 Action。这样，一个 KR 下可能会包含若干具体可行动的 Action，Action 的颗粒度应当足够小，确保能在 1～2 周内完成。例如，将下周的 Action 设置为"完成一次客户高层拜访"。在 KR 下新增 Action 的示例如图 6-2 所示。

图 6-2　KR 下新增 Action 示例（源自 Profit OKR 平台）

支持 OKR 复盘

一个好的 OKR IT 系统，应当支持对 OKR 进行结构化复盘。何为结构化复盘，就是采用第 5 章所说的 GAMES 五步法进行复盘。在任意时间点，用户应当都可以对任意 OKR 进行复盘。由于 OKR IT 系统帮助记录了 OKR 的进展和 Action，它可以成为结构化复盘的好帮手，能让用户方便地回忆起他们在过程中开展了哪些 Action，从而降低分析 Action 有效性的难度。这样，用户可以完整地跟着 OKR IT 系统的提示，一步一步地完成 G—A—M—E—S，最终在系统中生成简单规则。而这些简单规则可以作为团队未来的共同做事方式。并且，每次在复盘时，都提醒用户重新审视之前复盘生成的简单规则，以确保经验能得到不断累积。这非常重要！

除了要支持用户在任意时间节点主动发起复盘外，OKR IT 系统还应当在下述两个时间节点强制触发 OKR 复盘提醒。

- 用户手动结束 OKR 时：当用户手动结束 OKR 时，意味着该 OKR 的生命周期已经结束，此时，应当提醒用户养成好的闭环习惯，及时对 OKR 进行 GAMES 结构化复盘。
- OKR 完成 100% 时：当 OKR 进展为 100%，意味着 OKR 业已完全实现，此时也应该触发 OKR 复盘提醒。

真 OKR IT 系统应当具备的典型特征

根据我自己在华为开发 OKR IT 系统的经验，以及近 6 年来在阿里巴巴、腾讯的 OKR 推行经验，真 OKR IT 系统应当具备"五化"特征，分别是移动化、公开化、图形化、智能化和一体化，下面逐一说明。

移动化

更为重要的是，企业不仅在数字化，而且在移动化。华为内部在 2018 年就开始提出要实现全场景办公，即原来只能在 PC 机上做的事，要能方便地在手机或平板（PAD）上做，并且实现多终端数据的无缝同步。如今，多端协同的微软 Office 系列、微软 OneDrive、腾讯文档、飞书文档、钉钉文档等唾手可得，极大地便利了多人协同办公模式。手机办公已经不再是一个加分项，而俨然成为一个必选项。

基于此，一个好的 OKR IT 系统必须做到移动优先。用户要能通过手机端便捷地创建、修改、查看、删除OKR，还要能便捷地更新OKR进展。并且，OKR IT系统还要深度集成到像微信、钉钉、企业微信、飞书等这样流行的实时通信工具中，或者企业内部任何一款在用的实时通信工具中。这样，当你在手机上更新完你的OKR之后，你可以即时地分享给你的团队成员，这个分享过程就像你在淘宝平台上分享购物链接一样（见图6-3）。于是，大家可以就共同的OKR上下文进行互动讨论，极大地便利了目标沟通过程。

图6-3 像分享购物链接一样分享OKR（源自飞书OKR平台）

公开化

公开是Google OKR的一个默认选项，只要你不有意限制你的OKR公开范围，你的OKR就是默认全公司公开的。这种默认公开代表的是一种态度和精神，它意味着公司选择相信大家的信息保密意识，愿意冒着被泄漏到外部的风险，也要促成信息的公开透明。2016年，当我在华为内部开发华为最早版本的OKR IT系统时，借鉴了Google的这一默认公开逻辑。起初，有不少主管心存疑虑，担心OKR被泄漏给竞争对手。然后，随着OKR的展开，这一疑虑被快速打消，大家都享受到了OKR公开带来的极大便利：想了解任何一个内部同事，只需查看他的OKR即可。字节跳动在开展OKR时，也最大程度地保留了默认公开的逻辑。2020年

12月23日，在《哈佛商业评论》"突破周期开辟增长——2020新增长大会"上，字节跳动副总裁谢欣说："在飞书里面，点开每一个人的头像的时候，都能够看清楚他的OKR。很多时候，一家公司业务配合是非常复杂的，有时候我都不认识、不熟悉跟我一起做项目的人，也没有时间让大家做自我介绍，即便自我介绍完了，也很难记住。这时候只要点开看他的OKR，就可以基本了解他的信息了。"公开加深了理解，公开促进了协同。

当然，不是每一个企业都能一下子做到这样大范围的公开透明。当我2020年计划离开阿里巴巴时，阿里巴巴的HR也在积极推进OKR在阿里巴巴的实施。一次汇报中，当提及字节跳动的OKR是默认公开，所有字节跳动的员工都可以看到张一鸣的OKR的时候，与会的几位高管露出了非常惊讶的表情，直呼不可能。他们认为，互联网最关键的是信息差，公司的运营信息很容易就被竞争对手知悉和进行抄袭，给公司造成极大的损失。然而，他们又非常认同公开的价值，所以采取了优先在同一管理者团队内公开的策略，这样既能确保信息尽可能公开透明，又可避免信息泄漏至外部团队。腾讯也采用了类似只在团队范围内公开的策略。这虽然是一种折中的公开方式，公开得并不彻底，但对于习惯构筑信息壁垒的企业而言，已经迈出了一大步。伴随着OKR的深度开展，必然会进一步促成他们扩大公开范围，从同一团队内公开，到多个联合团队内公开，到部门内公开……当大家感受到了OKR公开带来的协同效应后，公开就不会只是一个选项，而是一种必然。

图形化

抖音、快手、视频号等短视频平台的兴起，极大地争夺了用户的屏幕时间，并且培养了用户的快速图文阅读习惯。如今，用户很难集中大块精力去阅读大段的文本。他们更习惯于阅读图形化信息。这确实会更有效率。文字是一维的，你只能一行一行地从左到右地读，但图形是二维的，你可以一眼扫描完整张图像，捕捉到这张图像的主要信息。

所以，一个好的 OKR IT 系统，应该能够方便地进行图形化操作和进行图形化浏览。OKR 是结构化的，它通常包含 O（目标）、KR（关键结果）、Action（举措）。OKR IT 系统应该能结构化地展示这种分层关系，就像一棵树一样，它从最大的目标开始，向下延展开去，直到不再拆分的叶子节点。也就是说：

- **向上对齐**：OKR IT 系统要能方便地支持向上对齐上级目标，形成向上链接。
- **向下分配**：OKR IT 系统最好也能支持向下分解，以方便地把 OKR 传递给下级。
- **细化展开**：OKR IT 系统应支持在 KR 下新增 Action，以实现对 KR 的更进一步分解。
- **横向依赖**：当一个 OKR 的达成需要另外一个 OKR 提供必要的支撑时，它们之间就会存在横向依赖关系。

通过上述四种操作，我们就建立起了 OKR 之间的上下左右关系。这个时候，OKR IT 系统还应当支持对这种关系进行图形化展示，通过类似目标树的方式让 OKR 之间的关系一目了然。这就是最基本的图形化。

图 6-4 是一棵 OKR 树的简单图形化示例。

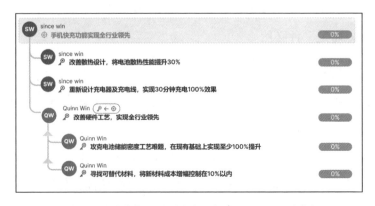

图 6-4　图形化 OKR 树（源自 Profit OKR 平台）

更多的图形化功能包括：

- 图形化展示OKR的进展信息。图形化展示时，遵循的逻辑是：时间过半，进度应过半。如图6-5所示，右侧以甘特图的形式展示了O以及O下各个KR的进展，其中竖实线代表当前日期，如果进度条线在该竖实线的右边，则表明进度超前，否则意味着进度滞后。于是，你可以很方便得知：除"重新设计充电器及充电线，实现30分钟充电100%效果"这条KR外，其余KR的进展都未达到预期。

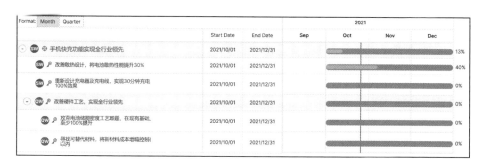

图6-5　图形化展示OKR进展（源自Profit OKR平台）

- 图形化编辑OKR的进展信息（见图6-6）。每条KR后都有进度条，你可以便捷地拖动进度条来更新KR的进度百分比，所见即所得。设计得好的OKR IT系统，往往让你在极其碎片的时间就完成OKR的更新，而不会让OKR更新成为一种繁重的负担。

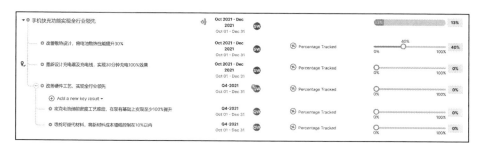

图6-6　图形化编辑OKR进展（源自Profit OKR平台）

- 图形化统计 OKR 的进展信息（见图 6-7）。

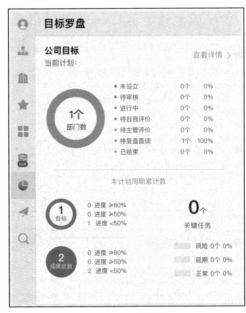

图 6-7 图形化统计 OKR 进展（源自北极星 OKR 平台）

总之，无论何时，OKR IT 系统都应尽最大可能去推进图形化，把简单和便捷留给客户，把复杂留给系统。

智能化

OKR IT 系统不应该只是一个记录和归档的系统，它应该具备更多的智能功能，以更好地帮助团队管理者和员工做好目标管理，如若不然，OKR IT 系统只会成为另外一种负担和枷锁。

OKR IT 系统的智能化有很多体现，包括：

- 在 OKR 制定周期即将开始时，智能地向管理者和员工推送 OKR 制定小提醒，并告诉大家高质量 OKR 的 CLASSIC 标准是什么。
- 主管填写完 OKR 后，智能地将主管的 OKR 推送给他的下属，提醒他们去制定各自的 OKR 并和主管的 OKR 进行对齐。
- 如果主管没有制定 OKR 但员工先制定了，要反向给主管发送一条提醒，一方面是告诉他下属制定了一条什么样的 OKR，另外也提醒他制定团队层面的 OKR。

- 当一个员工在系统中输入一条 OKR 后，可以从他可见的 OKR 范围中进行智能检索，看看他的 OKR 和公司其他人的 OKR 的相似度，当相似度比较高时，可以告诉他说："英雄所见略同，公司里还有这些成员也设定了类似的 OKR，快去和他们交流吧。"通过这样的提醒，可以避免团队的筒仓效应，让做类似事情的团队之间可以去进一步协同。
- 基于高质量 OKR 的 CLASSIC 标准对大家填写的 OKR 智能地进行整体打分和分维度打分，从而提醒大家进一步提升 OKR 质量。例如，"你的 OKR 的 CLASSIC 分数为 60 分，看上去 O1 不够鼓舞人心（情感因子分析表明情绪偏负向），O2 的 KR 的数量有些多（超过 4 条），要不要再思考一下，进一步改进一下呢？"
- 在 OKR 实施过程中，智能地做进度提醒。例如，每双周分析一下 OKR 的进展，当出现时间过半而进度还没有过半的情形时，可以将 OKR 状态标示为黄色，同时发送一条 OKR 进展提醒。
- 每个月或者双月（基于团队实际情况），对团队 OKR 和员工 OKR 进行智能总结，分析相对于上个月或者上一个双月，OKR 推进了多少，取得了哪些进展。现在的人工智能已经支持进行文本层面的智能分析，所以要实现这些功能并不是很难。
- OKR 周期结束时，自动进行整体性的智能总结。这一功能同月度总结或双月总结类似，只是总结的周期是自 OKR 制定以来的这段时间。这样在团队做 OKR 复盘时，可以大大减少他们的回忆工作量，帮助他们节省时间去做更有意义、更深度的分析。

OKR IT 系统可以做的事还有很多，要始终思考一个问题：系统还能怎么样帮助大家更好地进行目标管理？

一体化

OKR IT 系统还应同公司其他 IT 系统进行整合。

例如，很多公司都会有项目管理系统、客户关系管理系统（CRM）、软件缺陷度量系统等业务系统。OKR IT 系统可以考虑同这些系统连通。一方面，业务系统可以从 OKR IT 系统中引入 OKR，作为管理者和员工日常工作开展的靶心；另一方面，业务系统又可以将工作进展数据推送至 OKR IT 系统，从而智能地生成 OKR 的进展。

还有些公司会有日报/周报系统等其他管理系统，OKR IT 系统也可以考虑和它们进行连通。例如，理想汽车就采用了类似的方式。公司要求，员工要基于制定的 OKR，进一步细化周计划或日计划，并填写 OKR 周报或日报，周报或日报相当于 mini OKR（微型 OKR），会自动关联到 OKR IT 系统中，两个系统是连通的，这样就既兼顾了日常管理，也能牵引大家聚焦目标去做事。在百度，OKR IT 系统同周报系统也是连通的，OKR IT 系统搭载有周报系统，周报系统也可以从 OKR IT 系统中引入 OKR。

第 7 章

OKR 五昧真火之五
OKR 文化

———

大凡学习过标杆企业 OKR 实践的朋友,一定都听说过张一鸣的那篇名为"Context, Not Control"(情景管理,而非控制)的演讲。张一鸣在这篇演讲中介绍了字节跳动的 OKR 理念及实践概貌。如今,当我们再回过头去看为什么字节跳动的 OKR 能开展成功时,可以从这篇演讲中找到不少洞见。张一鸣没有开篇就大谈特谈字节跳动的若干管理实践,而是先为这些管理实践设定了具体的"context"(情景):

- 自上而下的宏大战略往往都是灾难。要让更多人参与决策,利用集体的智慧。

- **参与感激发创造力**：做同样的事情，如果员工知其然，也知其所以然，会比只知道指令，做起来更有意思。这个对于发挥员工创造力是有帮助的。
- 减少规则和审批。
- 组织结构要灵活，拒绝领地意识，要能灵活调整汇报关系。
- 弱化层级跟头衔。
- 鼓励内部信息透明。
- 要充分建立 context（情景），需要好的内部系统做支持。

"context"（情景）就像是土壤、空气和水，OKR 等其他管理实践是生长在其上的植被。没有合适的 context，OKR 就会出现"南橘北枳"现象。

真 OKR 需要反馈文化

曾经，有不少企业来找我帮它们推行 OKR，我从联系我的人是谁，大概就能判断出来这家公司 OKR 能否推行成功：

- 如果找我的是公司的 CEO 或者董事长，OKR 大概率可以推行成功。
- 如果找我的是公司的业务高管，如首席运营官（COO）、首席人力官（CPO）、首席技术官（CTO）等副总裁级别以上的高管，OKR 大致也可以推行得八九不离十。
- 如果找我的只是负责公司培训的 HR 负责人、公司的组织发展负责人或者部门的 HRBP，OKR 基本上只能在公司做局部试点，难以长久坚持下去。

为什么这么说？

OKR 是一种新的目标管理方式，它相对过去的 KPI 管理方式是一大革新。变革想要成功，离不开自上而下的高管垂范。国内哪家企业的 OKR 开展效果最好？对这个问题我相信大家都有一个共同的答案，那就是字节跳动。那么，字节跳动是如何做到这一点的？字节跳动创始人张一鸣每两个月都会在公司范围内发布他的OKR。百度公司自2018年开始在公司范围内开展OKR后，公司CEO李彦宏也会定期发布他的季度OKR，根据我们同百度公司中层管理者的交流来看，他们认为OKR在百度开展的效果也非常好。而这离不开百度公司CEO李彦宏以及百度资深HR副总裁崔珊珊的带头垂范。只有公司高管带头垂范，才更可能在公司形成绩效反馈文化。

美国高效组织中心（Center for Effective Organization）曾对美国234个组织做过一个深入研究，[48]分析绩效管理的哪些因素对这些公司的组织绩效的影响最为显著。为此，它探究了绩效管理的如下七个方面的内容：

a. 对绩效反馈文化实践的应用（use of performance feedback culture practices）

b. 最佳绩效管理实践（best performance management practices）

c. 持续反馈（ongoing feedback）

d. 更多发展性反馈（more development feedback）

e. 多源反馈（crowd sourced feedback）

f. 绩效校准（calibration）

g. 描述性反馈，又称无评级反馈（ratingless review）

这七个方面具体指的是什么？

绩效反馈文化包含如下六个方面的内容：

a. 公司对绩效反馈重要性的强调及期望

b. 为管理者提供如何进行有效反馈方面的培训

c. 高管垂范如何做好绩效反馈

d. 奖励反馈做得好的管理者

e. 追踪绩效反馈开展情况

f. 将绩效反馈能力作为干部选拔的考察项

最佳绩效管理实践则包含自上而下目标分解、胜任力评估、360 度反馈、团队／组织绩效评估四项实践。持续反馈则指在达成目标的过程中，提供更高频的持续绩效表现的反馈（例如一年至少四次），而非传统的一年一度正式绩效反馈。发展性反馈则指在为下属提供反馈时，其出发点更多的是为了帮助发展下属，而不是为了对下属的过去做评判。多源反馈是指反馈形式上不拘泥于传统的面对面反馈和电话反馈形式，而是同步运用各种互联网通信工具（如微信、企业微信、企业内部论坛等）进行正式或非正式的沟通反馈。绩效校准是指在对下属进行绩效评估时，不只是直接主管对下属绩效进行评价，还会把相关团队员工集合到一起去进行横向评估，以避免主管评价标准不一致的问题，确保绩效评价更加公平公正。下属在一项工作中，可能既有表现好的地方，也有表现糟糕的地方，主管在给出描述性反馈时，只需要基于下属过去在这项工作中的表现给出实事求是的反馈，无须给出综合评级。

通过分析上述七个因素与组织绩效以及公司净利润的关系，作者得出如图 7-1 所示的相关关系图。

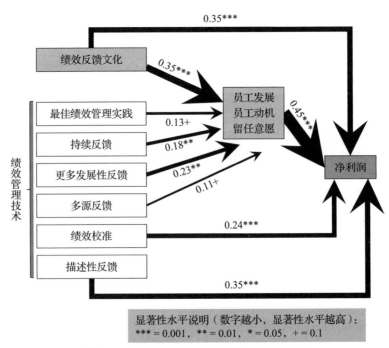

图 7-1　绩效管理因素与组织净利润关系图

图 7-1 中，线条的粗细表示两者之间相关性的强弱。从图 7-1 中可以看出，绩效反馈文化和描述性反馈两项因素，同组织的净利润之间的关联度最强。本杰明·谢奈德（Benjamin Schenider）和杰拉德·拉德福德（Gerald E. Ledford）还进一步指出：[49] 在绩效反馈文化六因素中，高管垂范对个人产出和组织产出的影响最大，如图 7-2 所示。

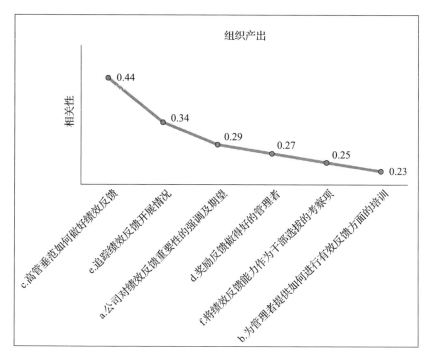

图 7-2　绩效反馈文化六因素与组织产出间关系

从图 7-2 中可以看出，在绩效反馈文化的六因素中，高管是否带头进行绩效反馈，对组织绩效的影响尤为重要。这也从更严谨的角度回应了本章开头提到的一个话题：在那些有公司高管带头践行 OKR 的企业，OKR 大多能在内部成功推行；而在那些没有这样做的企业，OKR 推行多半会以失败告终。如果你是一个 OKR 教练，下一次再有企业的非高管联系你去帮助他们推行 OKR 时，你可以果断地拒绝他们，因为这无异于是在浪费彼此的时间。没有高管垂范，几乎可以肯定，OKR 的推行会失败。

大多数时候，企业在绩效反馈文化六因素上的表现由好至差排序如下。

第 1 名：公司对绩效反馈重要性的强调及期望（a）
第 2 名：为管理者提供如何进行有效反馈方面的培训（b）
第 3 名：高管垂范如何做好绩效反馈（c）
第 4 名：追踪绩效反馈开展情况（e）
第 5 名：将绩效反馈能力作为干部选拔的考察项（f）
第 6 名：奖励反馈做得好的管理者（d）

很多企业的高管都表示他们很重视绩效辅导，为此公司也为管理者提供了绩效辅导相关的培训。然而，他们却止步于此，没有对管理者绩效反馈情况进行奖惩，没有把管理者反馈能力作为干部任用的考察项。企业需要在这两方面投入更多精力，以帮助企业从制度上固化绩效反馈文化。

真 OKR 需要信任文化

OKR 最为大家所津津乐道的一个点，就是 OKR 默认是向大家公开的。然而，对那些习惯了把信息作为自己的制胜法宝的组织而言，公开绝非易事。这需要组织里的人彼此之间有足够的信任。信任不会自然而然地产生，也不会因为公开了 OKR 就水到渠成。曾经，华为在开展 OKR 之初，也在 OKR IT 系统上公开了每个人的 OKR，但发现 OKR 查看行为依然主要发生在主管和员工之间，团队成员并不会主动地去查看他人的 OKR。大家仍然习惯于过去那种做事方式：围绕主管团团转，把主管交代的事做好即可。如果主管的做事方式是他把团队 OKR 都定好后，单纯地向下传达给团队成员，甚至他把团队成员的 OKR 也一并定好，只是让他们去执行，那团队成员确实没有必要再查看其他人的 OKR。这个案例充分说明：一个团队的信任水平如何，很大程度取决于这个团队的管理者。致力于用科学方法研究团队信任水平的美国学者保罗·扎克（Paul J. Zak）

开发了一套检测团队信任水平的调研问卷，可以作为团队管理者进行自我诊断的绝佳帮手。问卷调研项及对应维度如表 7-1 所示。

表 7-1 信任水平调研问卷

序号	调研项	维度
1	主管将我所犯的错误及遇到的挫折视为学习和尝试新事物的宝贵机会	灵活（Yield）
2	主管关注和欣赏我为把事情做好所付出的努力，以及在此过程中所取得的进步	喝彩（Ovation）
3	主管愿意花时间倾听、理解我的观点	关心（Caring）
4	即使遇到挑战或困难，主管也能坚持做正确的事情	真实（Natural）
5	主管为我提供了必要的工具和资源，帮助我更好地完成工作	调动（Transfer）
6	主管自由、公开地分享了适当的信息和知识	开放（Openness）
7	我有机会在工作中发展更多的技能、积累更多的经验	投资（Invest）
8	主管鼓励我公开分享我的想法和建议	开放（Openness）
9	主管帮助我更好地认识和发挥自己的才能，以在专业上进一步成长和发展	投资（Invest）
10	主管及时、适当地对我的努力和成就给予了有意义的认可	喝彩（Ovation）
11	主管鼓励我努力把工作做好	期望（eXpectation）
12	主管给了我足够的灵活性和对工作的掌控权，我可以自由决定如何开展我的工作	灵活（Yield）
13	围绕我的工作重点，主管知道如何最好地支持我	关心（Caring）
14	主管和我共同制定了明确且具有挑战性的绩效目标	期望（eXpectation）
15	主管在工作中充分发挥了我的技能、专业和经验优势	调动（Transfer）
16	主管是一个能公开、诚实地分享自己长处和弱点的人	真实（Natural）

这 16 个调研项一共由 Ovation（喝彩）、eXpectation（期望）、Yield（灵活）、Transfer（调动）、Openness（开放）、Caring（关心）、Invest（投资）、Natural（真实）8 个维度组成。8 个维度的关键英文字母正好组成 oxytocin

（催产素）一词，而正是催产素提升了人与人之间的信任水平。这意味着，信任不是简单地只是拍拍下属的肩膀说"我信任你"就可以达成的，信任体现在日常工作中你如何为下属加油鼓劲，如何向他们表达你的期望，如何赋予员工更大的灵活性和自主权，主管自身是否开放透明，是否正直和真诚，是否关心员工的感受，是否愿意花时间帮助下属成长。信任是综合做好上述维度之后所产生的结果。各维度说明如表 7-2 所示。

表 7-2 信任水平维度说明（源于保罗.扎克）

维度	维度说明
Ovation 喝彩	对个人的努力、进步和成就表示认可，并给予及时认可和表扬
eXpectation 期望	传达明确且具有挑战性的目标，针对目标提供持续反馈，并衡量成功与否
Yield 灵活	鼓励和信任个人决策和独立性，让员工能够采用最便捷的方法来完成他们的工作，将错误视为学习机会，并在需要时提供支持
Transfer 调动	利用团队内的技能和人才，鼓励自主和自我管理，以创建授权团队
Openness 开放	树立透明的榜样，最大限度地分享思想、知识和信息，并乐于寻找他人来分享
Caring 关爱	让同事之间建立起互相关心和协作关系，考虑他人感受，以培养团队精神和支持氛围
Invest 投资	愿意在人才培养上投入时间，帮助下属发掘成长优势和机会，支持他们持续地学习和发展
Natural 真实	做真实的自己，正直而诚实，对他们的弱点和错误持开放态度，并愿意寻求帮助

扎克的研究表明，信任程度高的团队，相较信任程度一般的团队，在下述维度上表现更优异：

- 生产率高出 50%。
- 人才留用率高出 50%。
- 员工精力更充沛，战斗力高出 40%。
- 敬业度高出 76%。
- 员工快乐程度高出 60%。
- 员工满意度高出 56%。

真 OKR 需要与之匹配的 OKR 工作理念

但凡在企业内实施过变革的人都知道，变革从来就不会是一件轻松的事。变革必然涉及改变人们过去的工作习惯和思维模式，唯有从意识上真正切换到新模式下，变革才有可能成功。OKR 是一种新的工作方式和新的思维模式，需要与之匹配的工作理念的支撑。检验一个组织是否真正实施了 OKR，很重要的一点是这个组织是否形成了新的、OKR 模式下的工作理念。这个工作理念不管是什么，它一定有别于过去 KPI 模式下的做事方式。否则，OKR 可能只是挑下了旧式衙门上的几块瓦片，立了个新牌坊而已，并无任何实质性改变。

OKR 需要什么样的工作理念？我曾在《绩效使能：超越 OKR》一书中分享过华为一个部门的 OKR 十大信条。在那之后，我又刻意观察了很多成功实施 OKR 的组织，发现了它们共同具备的一些特征。

OKR 聚焦做有价值的事。在制定 OKR 时，首先要找到有价值的 O，没有比这更重要的了。O 是航海的灯塔，指明了行动的方向。O 要有价值和意义，越是能往客户价值底层去深究，O 就越有力量，越能鼓舞人心。很多组织都习惯用过去的做事方式，例如把"月度活跃用户数（MAU）达到 5000 万"作为目标。但这真的是目标吗？如果你进一步问他：MAU 达到 5000 万是为了什么？得到的回答可能是：这可以帮助我们的产品成功进入国内同类产品的第二梯队。好，既然如此，何不把"××产品成功进入国内第二梯队"作为目标呢？要实现这一目标，也许 MAU 达到 5000 万是一个比较好的量化衡量指标，也许不是。你分析过同类产品都占领了哪些细分市场吗？你找到了你的产品独特的用户群吗？如果头部产品聚焦的是 18～25 岁的人群，那么，25～35 岁的人群呢？他们的偏好有何不同？我们能占领他们的屏幕时间吗？能成为他们的首选吗？目标的不同直接决定了我们思维和行动的不同。当你把"MAU 达到 5000 万"作为你的 O 的时候，你通常会饥不择食，眉毛胡子一把抓。只要是能提升 MAU

的，你都去做。最后的结果就是，MAU可能达到了，但你的产品依然没有进入第二梯队，因为竞争对手成长的速度比你还要快。于是你的产品依然是一个"泯然众人"的产品，没有任何特色，没能占领任何细分市场。

OKR强调目标要有挑战性。挑战应该是融入一家公司骨髓里的本源性驱动力。如果你身在英特尔、谷歌、亚马逊、特斯拉或者华为，你会感受到挑战不是一种选择，而是一种必然。在这些企业里，从上到下都在不断地挑战自我，设定"十倍速"目标，以此驱动组织高速前行。OKR追求做有意义的事，同时也善于用极高的目标倒逼自己去思考与众不同的实现路径。

OKR还信奉少即多，不求面面俱到，但求组织把精力聚焦在少量对组织能产生重大影响的关键方面，在少数方面去实现巨大突破，而非广撒胡椒面，什么都做，又什么都没做成。

OKR鼓励参与，OKR不是少数主管把自己关在黑屋子里想出来的，而是全员参与一起共创出来的，不仅要让员工知道目标是什么，还要让他们参与制定目标的整个过程，理解为什么是这些目标，即理解背后的why。

OKR鼓励挑战，无畏失败，但不意味着这可以作为我们OKR没达成的冠冕堂皇的借口。在开展OKR时，我们正确的态度应该是：不怕失败，但不轻易言败，要有坚忍不拔、百折不挠的勇气去推进OKR。

OKR拥抱变化、OKR鼓励协同、OKR倡导公开、OKR需要闭环地复盘……这一系列，共同构成了真OKR的工作理念。为了便于读者参考，我特地将过往企业实践经验的12条OKR工作理念汇总成表7-3。

表7-3 真OKR工作理念表

序号	真OKR工作理念
1	**做有价值的事**：始终思考我的OKR对用户/客户的价值，始终思考我的工作对OKR的贡献
2	**设定登月型（Moonshot）目标**：设定10倍挑战目标，哪怕最终只达成六七成，也比设定不具有挑战性却100%完成的目标要好上许多。诚如英特尔前CEO格鲁夫所言："如果每个人都把目标定得比自己轻而易举就能完成的目标高一些，那么结果往往会更好。如果你想要自己和下属都有最佳表现，那么这样的目标制定方式是非常重要的。"利用挑战性OKR将组织推向新的高度

（续）

序号	真 OKR 工作理念
3	**没有经过共创/共识的目标，不是好目标**：真 OKR 如此强调目标共创，就是希望 OKR 是所有人群策群力生成的，把自上而下强加给员工的目标，变成员工自己的目标，充分调动他们的主观能动性。在实际操作中，OKR 共创可以"创"的范围到底有多大，可以基于实际业务场景去定。对创新型业务，"创"的自由度可以大一些，大家一起去共创 O，以及 O 的 KR。对一些已经探索出业务方向的准成熟业务，可以重点围绕 KR 去共创，讨论我们在接下来的一个 OKR 周期里要做到什么程度。而对于那些已经非常成熟的业务，例如客服、行政等偏后台执行型业务，可以重点围绕 Action 去共创
4	**"五四原则"**：真 OKR 信奉少即多。每个周期最多不超过 5 个 O，每个 O 下最多不超过 4 个 KR，就足以帮助公司、团队和个人明确什么是最重要的了。切忌贪多
5	**默认公开**：我们相信每一个人，在最大可能范围内公开每一条 OKR 以及 OKR 的进展，以帮助整个团队实现目标一致，让大家实时掌握团队目标推进进展
6	**伸出援手**：在聚焦自己 OKR 的基础上尽力帮助他人
7	**拥抱变化**：当你发现 OKR 由于某些原因需要进行变更时，要果断变更，并提前和相关方做好沟通
8	**量化背后的价值比量化本身更重要**：为了衡量 O 的推进状态，我们需要量化评估，但量化不是我们的目的，要始终思考每个数字、每项工作背后的价值和意义，这是最重要的
9	**及时反馈**：及时反馈 OKR 的状态，让相关人第一时间知道 OKR 的进展
10	**定期复盘**：通过集体复盘促成深刻反思和持续提升，成为更好的自己，成就更好的组织
11	**OKR 是价值创造的好帮手，而非考核武器**：OKR 好比一座灯塔，为你在茫茫大海中暗夜航行指明了方向，它不是一份用于绩效考核的法律文本。要做到这一点，OKR 必须不被直接应用于绩效考核，OKR 完成率也不应成为奖金激励的依据。考核应该是另外的一套体系。OKR 致力于价值创造，考核要解决的是公平性问题，两者出发点本身就不同，不应该混为一谈，把 OKR 做成四不像
12	**不轻易言败，也能拥抱失败**：认定了目标的价值和意义，就坚定地去把它变成现实，敢于尝试，不怕失败，但如果真的失败了，也能坦然地去面对，"从泥坑里爬起来的是圣人"

真 OKR Z20 文化测量表

华为有一个很好的做法：在每轮绩效考核之后，都会面向全员开展一次绩效管理有效性调研。通过这种方式，华为可清楚地了解到组织的绩效管理薄弱点，有效检测公司的绩效管理水平，实现对绩效管理的完整闭环。OKR 文化要在组织中有效落地，也应在每次 OKR 周期之后发起一次例行调研。清华大学张勉老师开发了一套 OKR 测量问卷。张勉老师经过大量研究，提出测量 OKR 过程特征的测量项，如表 7-4 所示。

表 7-4　OKR 过程特征测量表（源于清华大学张勉老师）

因子类别	序号	测量项
目标制定	1	目标聚焦，鼓励制定少而精的目标
目标制定	2	鼓励制定有挑战性的目标
目标制定	3	鼓励下级自主制订如何完成目标的计划
过程特征	4	成员的目标完成情况在团队范围内公开
过程特征	5	根据业务周期，有定期跟踪目标进展的反馈机制
过程特征	6	成员之间了解各自的目标和目标进展程度
过程特征	7	对目标完成情况定期进行复盘，讨论如何改进工作
过程特征	8	上下级之间围绕目标有及时充分的沟通
过程特征	9	鼓励团队成员之间坦诚反馈，相互提供帮助
结果应用	10	目标完成率和考核并不直接挂钩
结果应用	11	目标更多用于过程管理，本身不是考核工具

我结合张勉老师的研究，以及企业实施真 OKR 的需要，在张勉老师问卷基础上做了进一步拓展，形成了真 OKR 文化测量表。主要改动点有：

1. 将问卷的视角尽可能都切换成"我"的视角，以降低填答人的难度。一般而言，问卷填答者较容易就他自身的经历作答，而比较难去回答其他人的情况。这种情况越到一线员工，越是如此。

2. 整合借鉴保罗·扎克的信任问卷中"灵活"维度的调研项，将"鼓励下级自主制订如何完成目标的计划"修改为"主管给了我足够的灵活性和对工作的掌控权，我可以自由决定如何开展我的工作"，以更精准刻画团队主管的"授权"特征。

3. 增加了 3 项与复盘相关的调研题项，既考察团队是否有做复盘这一动作，也考察团队复盘是否产生了行动项、是否有对复盘的行动项进行闭环，以及复盘本身是否有价值，从而更立体地考察复盘的有效性。

4. 主管是影响团队氛围的关键，尤其主管是否"开放""真实"，对 OKR 共创和 OKR 复盘都至关重要。因此，OKR 文化测量表中新增了这两个调研题项，题项取材于保罗·扎克的信任问卷中的"真实"和"开放"两个维度。

5. 新增 4 项关于组织中是否有 OKR IT 系统支撑，以及 OKR IT 系统易用性的评估。

这样，真 OKR 文化测量表就在张勉老师 11 个测量项的基础上，扩展成了 20 个测量项，简称 Z20 测量表（见表 7-5），这里的字母"Z"，既代表张勉老师的姓的首字母，以感谢张勉老师对 OKR 过程测量的贡献，也代表真 OKR 的"真"字的首字母，20 代表这套测量表的 20 个测量项。Z20 测量表通过测评 OKR 的制定、回顾、复盘、IT 及文化这五大维度，借以全方位了解团队 OKR 实施情况。相信这套问卷可以全面地帮助你诊断 OKR 文化落地情况。

表 7-5　真 OKR Z20 测量表

维度	序号	调研题项
制定	1	我所在团队目标聚焦，鼓励制定少而精的目标
	2	我所在团队鼓励制定有挑战性的目标
	3	主管给了我足够的灵活性和对工作的掌控权，我可以自由决定如何开展我的工作
	4	我了解团队内其他同事的目标
回顾	5	团队会定期回顾目标进展
	6	我了解团队中其他成员的目标进展程度
	7	主管和我围绕目标推进情况有及时、充分的沟通
	8	在团队中，我可以自由、公开地分享我的想法和建议
复盘	9	团队会定期对目标完成情况进行复盘，讨论如何持续改进
	10	通过复盘，团队会产生一些新的行动计划
	11	团队会持续回顾复盘所产生的行动计划，直到其关闭为止
	12	我能从团队复盘中学习到有用的经验或教训
IT	13	公司有专门的 OKR IT 系统
	14	我可以从手机上方便地访问公司的 OKR IT 系统，完成制定、使能和复盘 OKR 的所有操作
	15	公司 OKR IT 系统支持便捷地向其他团队成员公开 OKR
	16	公司 OKR IT 系统一目了然，通过诸如目标树、进度图等方式，可以快速了解到目标相关的信息
文化	17	目标更多用于过程管理，本身不是考核工具
	18	目标完成率和考核并不直接挂钩
	19	主管是一个能公开、诚实地分享自己长处和弱点的人
	20	主管在团队中自由、公开地分享了适当的信息和知识

真 OKR 文化的形成非一朝一夕之事

很多公司在听说了 OKR 的"魔力"之后,便在一夜之间在公司引入了 OKR 实践,然后期待一下撬出个大金矿,看到 OKR 对组织立竿见影的改变。很负责任地说,如果企业负责人持有这样的心态,OKR 注定要让他失望了。同任何组织变革一样,OKR 不是"银弹",变革也绝非一朝一夕之功。我在《绩效使能:超越 OKR》一书中详细分析了如何利用变革大师科特的变革八步曲去成功促成组织的 OKR 变革。OKR 既然是一场管理变革,它理应遵循变革的一般规律,不要企图一口可以吃成个大胖子。

OKR 播种机约翰·杜尔的经验表明,OKR 要在企业成功落地,至少需要 4～5 个 OKR 周期。我在华为的 OKR 推行经历表明,即便在像华为这样的强执行文化组织中,也至少需要 2～3 个 OKR 周期。这意味着,OKR 在组织中应至少持续推进 1 年以上,你才能判断 OKR 对你的组织是否有效。否则,你对 OKR 是否有效的评判都是失之偏颇的。

OKR 何以需要这么长的时间?

因为 OKR 最难的,不是教大家如何学会写好 OKR,不是如何在组织中引入 OKR IT 系统,而是如何在组织中系统地制定 OKR、使能 OKR、复盘 OKR,以及借助 OKR IT 系统进行有效的辅助支撑,不应该断章取义地去开展,而应该把它们串联起来形成一套组合拳去推进。同时,还要考虑如何让 OKR 的这套组合拳真正地扎根于组织现有的管理体系之中。组织好比有机体,它天生对外来事物有免疫排斥。只有让 OKR 组合拳与组织中的其他管理实践达成一种共生状态,OKR 组合拳才算真正地融入了组织的管理体系。这里需要思考的问题包括:

- 组织现有文化鼓励挑战吗?
- 组织领导者是倾向于授权,还是倾向于管控?
- 组织领导者善于用使命感召员工吗?

- 组织的考核结果和物质激励强绑定吗？
- 员工在组织中的核心工作动机是什么？内在动机还是外在动机？
- 组织鼓励信息分享和公开吗？

特别是对有一定历史的组织，它的管理已经自成一体，在这样的组织中引入 OKR 尤其困难。我们需要在一开始就厘清 OKR 与组织现有管理实践的关系，并解决它们与 OKR 的冲突之处。如若不然，OKR 将注定失败。

第 8 章

真 OKR 经验谈

———

每个企业在开展 OKR 时,都会踩各自不同的坑。正所谓幸福的人都一样,不幸福的人各有各的"不幸"。为此,华为梳理了《OKR 经典十问》,百度总结了《百度 OKR 45 问 45 答》,理想汽车也有自己的 OKR 避坑宝典。

为了让你不再踩同样的坑,本章分享 OKR 开展过程中的一些经验。

OKR 经验谈之一:OKR 的共性问题

首先,我们来看一下,大家制定出来的 OKR,常见的共性问题有哪些。根据我的经验,通常如下。

- 共性问题 1：O 千年不变，这个季度的 O 在下一个季度还可以原样继续使用。
- 共性问题 2：KR 可衡量性较差，更像是 Action。
- 共性问题 3：KR 不能完整支撑 O 的达成。
- 共性问题 4：OKR 描述过于冗长，不够简洁。
- 共性问题 5：基于现有组织阵形制定 OKR。
- 共性问题 6：O 缺乏感染力，不够点燃他人。
- 共性问题 7：KR 颗粒度较粗，过于宏观，更像是 O，难以通过一层 OKR 关系分解清楚。
- 共性问题 8：OKR 太难了。
- 共性问题 9：OKR 太容易了。
- 共性问题 10：OKR 和组织战略脱节。

针对这些共性问题，我的建议如表 8-1 所示。

表 8-1　OKR 共性问题及建议表

序号	共性问题点	建议
1	O 千年不变，这个季度的 O 在下一个季度还可以原样继续使用	建议 O 要有区分度，尽可能体现出阶段感，避免写出千年不变的 O，这样对大家反而没有激发作用
2	KR 可衡量性较差，更像是 Action	KR 是结果，不是动作。建议参照 KR 的 2 种典型类型（度量型、里程碑型）检查目标的可衡量性，同时尽可能让 KR 符合 CLASSIC 标准中的如下两条标准： - incredible（有挑战性）：如果一个 KR 的信心指数在 70% 左右，或者需要投入 120% 的精力才能达成，它就是一个有挑战性的 KR - concrete（具体）：KR 要尽可能具体，要么是里程碑型（有明确的完成时间点），要么是度量型（有明确的数字衡量标准）
3	KR 不能完整支撑 O 的达成	KR 的完成要能完整支撑 O 的达成，建议定完 KR 后再反向问自己一个问题：假如这些 KR 都达成了，是否意味着 O 就达成了？还有一个简单的方法是：对照 O 的每句话，思考是否有对应的 KR 进行衡量
4	OKR 描述过于冗长，不够简洁	建议 O 和 KR 都尽可能简洁，O 尽可能用一句话表述清楚，一个 KR 尽可能只包含一个度量项。关于 O 和 KR 的具体写法，可以参考第 2 章 "真 OKR 的句法" 一节

（续）

序号	共性问题点	建议
5	基于现有组织阵形制定OKR	制定OKR时，应该围绕如何更好支撑组织战略的达成这个终极目标去思考，要跳出现有组织阵形的限定，如果一件事超出了你们团队的能力范围，需要多个团队合力才能完成，那就考虑制定一个横向拉通多团队的OKR，以强化端到端的协同效应，避免"铁路警察，各管一段"式的OKR
6	O缺乏感染力，不够点燃他人	O不仅要写出做到什么程度，还应尽可能传达O的价值和意义，点燃更多的人去为之努力。一个好O会自带能量，例如： ■ 让书享成为汇聚智慧和点亮他人的平台，每个分享者都能用才华和创意去触达更多书友（书享团队） ■ 向西航行，发现通往东方印度的新航路（哥伦布团队） ■ 成功求取真经，普度众生（西天取经团队）

7	KR颗粒度较粗，过于宏观，更像是O，难以通过一层OKR关系分解清楚	这个时候可以把OKR视为多层关系，上层的KR相当于下层的O，逐层向下去展开颗粒度较粗的上层O，直至最终生成可量化的KR为止。例如下述OKR：
		O：推动建立平台商业生态，促成平台电商大繁荣
		    KR1：建立一套完善的平台商家评估体系
		    KR2：引入优胜劣汰机制，驱动平台商家持续进化，为消费者提供更优质的购买体验
		    KR3：投入20亿元帮扶资金，孵化1万家优质中小店家，促进电商新陈代谢
		该O一共有3个KR，KR1和KR2都非常宏观，更像是O，建议采用分级OKR体系：
		大O：推动建立平台商业生态，促成平台电商大繁荣
		  小O1：建立一套完善的平台商家评估体系
		    KR1：分析识别出平台优质商家的100个核心特征
		    KR2：基于优质商家核心特征建立商家画像，生成商家评估参照指标体系
		    KR3：商家评估体系试运营，提升模型评估精度至90%以上
		    KR4：整理发布平台商家评估体系1.0，面向平台商家征集意见
		  小O2：引入优胜劣汰机制，驱动平台商家持续进化，为消费者提供更优质的购买体验
		    KR1：建立商家黑名单制度，对触及30条运营底线的商家，自动进行下架处理
		    KR2：对优质服务商家将实现年费减免处理，鼓励为用户提供优质服务
		    KR3：面向商家开展100场优质服务赋能，帮助商家提升服务水平
		    KR4：投入20亿元帮扶资金，孵化1万家优质中小店家，促进电商新陈代谢
		由于原来的KR3颗粒度适中，KR3不再做向下展开，这样O就形成了大O加小O二层OKR关系

(续)

序号	共性问题点	建议
8	OKR 太难了	目标要有挑战性,但不能遥不可及。如果太难了会让团队成员产生挫败感,适得其反。OKR 开展的终极目的是整个组织敢于挑战,但建议循序渐进。OKR 之父、英特尔公司创始人安迪·格鲁夫曾说过一句非常经典的话:"70% 即 100%(70% is the new 100%)。"也即,英特尔奉行的目标难度原则是:当目标有 70% 的可能性达成时,就已经是一个完美的挑战难度了。所以,在刚开始时,不要太有挑战性,甚至从保守目标开始也是可以的。在开展 OKR 1~2 个周期,当大家对 OKR 有较好的理解后,可以逐步提升 OKR 的挑战性
9	OKR 太容易了	目标领域泰斗级人物埃德温·洛克(Edwin A. Locke)的研究表明:如果目标太过容易,会降低员工的工作动机,导致更少的产出。这也是 OKR 强调目标要有挑战性的原因,挑战性目标会促使我们重新思考我们的实现路径,带来全新的改变
10	OKR 和组织战略脱节	OKR 鼓励挑战、鼓励创新,但这不意味着 OKR 就要天马行空,OKR 主要有两大来源:一是来源于上层组织战略,二是来源于对客户的洞察。OKR 是在支撑组织战略目标达成的基础上,更进一步地走进客户,创造更大的客户价值。所以,在制定完 OKR 后,要问自己两个问题: ▪ OKR 完成了,是否意味着也完美支撑了组织战略的达成 ▪ 除了支撑组织战略,OKR 还为客户创造了什么独特价值

OKR 经验谈之二:OKR 共创过程中的典型问题

在 OKR 共创环节,经常会遇到一些卡点,常见的如下。

- 卡点 1:主管认为自己都想清楚了,做就是了,没必要进行 OKR 共创,这种情况下如何组织 OKR 共创会?
- 卡点 2:主管觉得管理团队研讨不出来啥,OKR 共创没啥用!
- 卡点 3:管理者都很内敛,研讨氛围起不来怎么办?
- 卡点 4:管理者很强势,影响大家讨论。
- 卡点 5:团队之间各有站位,跳脱不出本团队业务去研讨上层团队的 O 怎么办?

- 卡点 6：共创环节生成了很多 O，怎么收敛？
- 卡点 7：急于生成 O 的 KR。
- 卡点 8：急于生成战役或进行任务拆解。
- 卡点 9：KR 不够有挑战性。
- 卡点 10：研讨结果如何获得管理者认同。

针对这 10 个常见卡点，我的建议如表 8-2 所示。

表 8-2　OKR 共创问题卡点及建议表

环节	卡点	建议
预备阶段	主管认为自己都想清楚了，做就是了，没必要进行 OKR 共创，这种情况下如何组织 OKR 共创会	牵引主管试着询问下属对目标的了解情况是否和他心目中预想的一致。大多数时候，主管会发现，下属对目标的理解与自己的认知存在重大偏差。可以通过这种方式去触动主管下决心来一场 OKR 共创
	主管觉得管理团队研讨不出啥，OKR 共创没啥用	邀请外部专家加盟（外来和尚好念经的影响）
共创 O	管理者都很内敛，研讨氛围起不来怎么办	在破冰阶段多花点时间以打开大家心扉，增强信任
	管理者很强势，影响大家讨论	共创前同管理干部提前沟通，管理好他的发言时机；同时，在共创会开始时，当众声明共创会需遵守的共同规则：平等发言，一人一票原则
	团队之间各有站位，跳脱不出本团队业务去研讨上层团队的 O 怎么办	**角色转换法**：站在主管视角写 OKR **交叉分组**：现场重新组队以包含多元视角 **拉向未来，打开视野**：研讨部门未来 2～3 年目标
	共创环节生成了很多 O，怎么收敛	可以让大家对 O 的重要性进行一轮投票，基于投票再讨论，一般都能快速收敛
共创 KR	急于生成 O 的 KR	一定要先生成 O，O 定稿后再讨论 KR
	急于生成战役或进行任务拆解	做好 OKR 赋能，就 OKR 三层层次结构理解达成一致（O-KR-Task/Action）
	KR 不够有挑战性	牵引大家对每个 KR 设置信心指数，规定 50%～70% 左右可能性达成的 KR 才是合格的 KR
OKR 定稿	研讨结果如何获得管理者认同	提前和管理者就研讨方案充分对焦，在研讨过程中设计关键环节让管理者总结点评，传达信心

另外，在制定 OKR 的过程中，还有如下几个经验教训供大家参考。

- **经验教训 1**：制定完 KR 后要即时明确 KR 负责人，由 KR 负责人组队进行后续细化，实现从团队 OKR 到个人 OKR 的细化。
- **经验教训 2**：涉及多个横向部门时，要及时组织 OKR 握手会，理清各个横向部门彼此之间的协同关系。磨刀不误砍柴工，如果急于快速向下推进 OKR 的落地，必然会适得其反。
- **经验教训 3**：团队负责人必须参加 OKR 共创/共识会。如果在 OKR 共创/共识会环节，团队负责人选择袖手旁观，那么 OKR 共创就注定要失败。OKR 共创会既需要团队负责人做背景输入，设定研讨情景（Context），又需要他在最后阶段进行决策和取舍。如果他缺席了，就会导致信息不同步，带来很多重复思考和更高返工成本，从而极大地消磨团队成员对目标的信心，打击团队士气，那么这场共创会从一开始就败了。
- **经验教训 4**：OKR 的讨论不是一次性的，很可能会经历很多次才能形成共识，要提前管理好大家的预期，不要期待一蹴而就。根据我的经验，如果团队业务方向是新的，或者团队刚经历组织调整，那么可能需要 2～3 次共创会，才能就团队的 O 达成一致。O 达成一致后，KR 一般也需要 1～2 次共创才能达成共识。
- **经验教训 5**：虽然从理论上来说，最好是先有公司的 OKR，再有事业群的 OKR，再有事业部的 OKR，再有部门和团队的 OKR，最后才是个人的 OKR。但在实践中，我们完全没有必要僵化地严格按照这样的瀑布式流程来制定 OKR。OKR 追求敏捷。任何层级的组织都可以先行动起来制定自己部分的 OKR。由于 OKR 是公开的，当发现上级组织的 OKR 有更新时，本组织可以动态地去和上级组织进行对齐。这也是 OKR 特别倡导的一种动态对齐策略。当组织中形成了这样的动态对齐文化时，你会发现即便是在上级组织的 OKR 后生成的情况下，本组织的 OKR 也仅需要做少量调整即可实现有效对齐。

OKR 经验谈之三：OKR 使能中的典型问题

OKR 使能过程中，常见问题如下。

- 典型问题 1：OKR 制定过程轰轰烈烈，制定之后束之高阁。
- 典型问题 2：OKR 是 OKR，过程实施是过程实施，两张皮运作。
- 典型问题 3：录入 OKR IT 系统中的 OKR 和实际实施的 OKR 是两套 OKR，线上线下不一致。
- 典型问题 4：仍采用过去那种主管和下属一对一跟进的方式，团队成员 OKR 进展彼此不透明。
- 典型问题 5：把 OKR 进展更新做成了 OKR 述职。

针对这些典型问题，我的建议如表 8-3 所示。

表 8-3 OKR 使能中典型问题及建议表

问题	建议
OKR 制定过程轰轰烈烈，制定之后束之高阁	在 OKR 共创环节结束时，就一定要和团队确认后续的回顾机制：是双周回顾一次 OKR 完成进展，还是月度回顾？OKR 复盘的频率是什么样的？一般而言，建议至少月度回顾一次 OKR 进展，每个 OKR 开展周期至少复盘一次
OKR 是 OKR，过程实施是过程实施，两张皮运作	过程实施一定要围绕 OKR 进行，不然就会脱节。日常搬砖（Action）一定要和建大教堂（O）之间建立关联。最好的方式是让团队成员基于 OKR 去做进展更新。如果有 OKR IT 系统能便捷地做到这一点，那就更好了
录入 OKR IT 系统中的 OKR 和实际实施的 OKR 是两套 OKR，线上线下不一致	如果有 OKR IT 系统，那团队 OKR 的任何更新，都应当及时地反映在 OKR IT 系统中，以确保更新能及时被其他团队成员看到，避免不一致。要尽可能多地借助 OKR IT 系统进行回顾，如果觉得 OKR IT 系统哪里不好用、不方便，那就给系统开发者提建议，倒逼系统改进和提升，而不是绕过系统，去另起一套，这样对工作效率的提升没有任何促进作用
仍采用过去那种主管和下属一对一跟进的方式，团队成员 OKR 进展彼此不透明	采用 OKR 后，最好以团队会议的方式去回顾 OKR 的完成情况，让团队成员彼此了解他人的 OKR 进展，同时，公开讨论 OKR 进展本身就是一种很好的群体促动，可以提升大家对 OKR 的重视度
把 OKR 进展更新做成了 OKR 述职	OKR 进展更新应当是轻量化的，它有别于结构化的深度复盘。单次 OKR 进展更新的时间不应超过 10 分钟，如果用时过长，那就要反思这样做是否值得了。我们应当将精力聚焦在完成工作上，而不是聚焦在如何汇报上

OKR 经验谈之四：OKR 复盘中的典型问题

复盘时，除了要遵循 GAMES 结构化复盘方法外，复盘引导者在每一步的引导提问也十分关键。好的问题通常能触动大家深度思考。具体来说，在每个步骤可以采用如表 8-4 所列的一些问题进行提问引导。

表 8-4 OKR 复盘典型引导问题

环节	引导问题
G——回顾目标	▫ 当初制定的 O 和 KR 分别是什么 ▫ 为何要制定这样的 OKR？当初的考虑是什么 ▫ 现在回过头来看，这些 OKR 有哪些是合理的，哪些 OKR 需要做较大的调整？为什么需要调整？这对后续制定 OKR 有何启示
A——描述举措	▫ 针对每个 OKR，当初制定了哪些关键举措 ▫ 在实施 OKR 的过程中，又增加或调整了哪些举措
M——评估结果	▫ 如果按 0～1 分打分，每条 OKR 能打多少分 ▫ 已经开展的关键举措中，哪些对 OKR 的达成有比较好的效果？哪些效果不明显？请对每一个关键举措进行分析
E——探究规律	▫ 结合 OKR 打分，以及关键举措有效性的评估，详细分析关键举措的具体得失点，即它为什么会有效，又为什么会失效 ▫ 如果再来一次，你会怎么做？你会增加或调整哪些关键举措？还会增加哪些关键举措 ▫ 我们能据此得到哪些经验与教训
S——总结沉淀	▫ 隐藏在每一个关键举措后面的那些经验，是否能总结沉淀出指导我们在未来更有效地做事的简单规则 ▫ 相比我们之前的经验，这些简单规则有哪些认知升级 ▫ 接下来我们准备如何把这些发现变成我们实实在在的行动？我们的 Done（已做）、To-Do（要做）和 Stop（停止做）分别是什么

OKR 经验谈之五：OKR 与考核的恩恩怨怨

OKR 和考核之间到底是什么关系？怎么样才能让大家不把 OKR 做成 KPI？这里，向大家分享一些经验。

首先，管理者在内心不要把 OKR 当成一个考核工具。管理者要有这样的理念，并且在日常工作中大声地对员工说出来，如唐僧念经般的反复地去说，打消大家的疑虑，培养起敢于挑战的 OKR 文化和氛围。

其次，在第一次开展 OKR 时，不用太过纠结这个问题。人们如果经历过原有的 KPI 考核模式，他们一定会存在这样的疑问。没关系，让子弹飞一会儿，请他们静观其变，看看 OKR 的完成率是否对他们的绩效造成了影响。变革大师科特说过，变革的过程不是理性的"分析—思考—改变"的过程，变革是"目睹—感受—改变"的过程。大多数人是"因为看见，所以相信"，只有变革先行者才是"因为相信，所以看见"。

再次，要刻意错开 OKR 开展周期和绩效考核周期，使两者不致完全重叠，从而避免让大家觉得 OKR 和考核就是一回事。例如，如果考核是以半年为周期在开展，那么 OKR 的开展周期就可以为双月（如字节跳动）或季度（如百度、华为、谷歌）。另外，还可以刻意错开 OKR 复盘的时间节点和考核的时间节点。

最后，在开展绩效自评时，一定不要把 OKR 自评作为绩效考核启动的第一个环节，不要让大家对照 OKR 去做绩效自评。如果你这么做了，那么你就是在暗示员工：你的 OKR 完成率是你的绩效考核的重要输入。下一次当你再告诉大家说 OKR 和考核之间没有关系时，就不会再有人相信你的这些鬼话了。说和做要保持一致，不要说一套做一套。

关于 OKR 与考核的更多探讨，将在下一章做详细展开。

第 9 章

OKR 与考核

———

每次谈到 OKR，总也绕不过去的话题就是：实行 OKR 后，考核怎么办？

这个声音从我 2015 年在华为开始推行 OKR 时起，就始终不离我左右，时常在耳旁响起。而我给出的答复一如从前：

OKR 就是 OKR，OKR 是目标管理工具，不是考核工具。

OKR 意在使能每个人内心原本就具有的内在动机。

OKR 不是胡萝卜，也不是大棒，它是我们行动的灯塔。

如果你组织的领导者认为目标要考核，如果你认为你组织所处的业务阶段更适合用胡萝卜加大棒方式进行管理，用 KPI 就好了。

OKR 致力于使能员工达成更好的绩效，这是 OKR 的核心理念。如果你不能坚持这一点，你开展的就不是真 OKR，而是披着 OKR 外衣的 KPI。想想，当你把 OKR 应用于考核时，哪个傻瓜还会自愿去制定挑战目标？那不是自讨苦吃吗？当你把 OKR 应用于考核时，哪个员工会拥抱变化的目标？你还能期待大家拥有成长型思维吗？当你把 OKR 应用于考核时，谁还会关心其他人的目标？目标公开只会带来更多的竞争，而非更大的协同。当然，也并非说 KPI 就一无是处，在面对常规、稳定业务场景时，KPI 有助于达成组织确定性。换言之，KPI 能达成"指哪儿打哪儿"的效果。两个工具无所谓对错，也无所谓好坏，就看你的管理选择是什么，就看你坚持什么。坚持什么，你就选择什么。

一则轰动一时的旧闻：阿里巴巴不再坚持强制比例分布

2020 年 12 月 28 日，一则关于阿里巴巴即将取消强制考核比例做法的新闻迅速霸占各大新闻头条，成为热点话题。消息称，阿里巴巴集团首席人力官（CPO）童文红在内部论坛（阿里味）上表示：未来阿里巴巴不再强制实行"361"考核制度，不再强制要求必须给团队中 10% 的员工打 3.25 分。

阿里巴巴绩效考核制度将绩效考核分为 6 个小的等级（5 分、4 分、3.75 分、3.5 分、3.25 分、3 分），3 个大的等级（5 分、4 分、3.75 分为第一大等，3.5 分为第二大等，3.25 分及 3 分为第三大等），如表 9-1 所示。

表 9-1 阿里巴巴考核等级及分布

评分	定义	比例
5 分	杰出	30%
4 分	持续一贯地超出期望	
3.75 分	部分超出期望	

（续）

评分	定义	比例
3.5 分	符合期望	60%
3.25 分	需要提高	10%
3 分	需要改进	

如表 9-1 所示，在一个考核单元中，3.75 分、4 分和 5 分三个分段的员工占比合计不超过 30%，3.5 分分段的员工占比约 60%，3.25 分分段及以下的员工占比至少为 10%，这也是"361"这一叫法的来源。如果员工年终绩效位于末尾 10%（即绩效打分为 3.25 分或以下），则员工当年零年终奖，且不能晋升。连续多次绩效得分低于 3.25 分则会被辞退。

国内 OKR 开展最彻底的字节跳动怎么做绩效考核

字节跳动的绩效考核一年两次，分别在 3 月和 9 月。3 月做年度绩效考核，考核结果作为年终奖、调薪、晋升及内部转岗时的重要参考；9 月做年中绩效考核，结果通常无直接应用。并且，非常有意思的一点是，字节跳动的 OKR 周期和公司的考核周期在时间点上有意错开，以避免大家将 OKR 和绩效考核联系在一起（见图 9-1）。

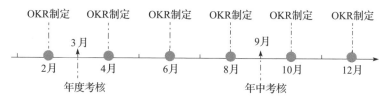

图 9-1　字节跳动 OKR 制定时间轴与考核时间轴

字节跳动的考核一共有 9 个等级，如表 9-2 所示。

表 9-2　字节跳动考核等级说明

等级	等级含义	等级说明
O+	卓越+	重新定义了行业标准
O	卓越	在公司层面有重大贡献

（续）

等级	等级含义	等级说明
E+	高于预期+	持续有显著超出预期的表现
E	高于预期	经常有超出预期的表现
M+	符合预期+	能够持续履行好角色职责，有时超出预期
M	符合预期	能够持续履行好角色职责，符合角色预期
M-	符合预期-	勉强达到角色职责的标准要求，有时低于预期
I	待改进	有时无法达到角色职责标准要求
F	不合格	无法履行角色职责

字节跳动的考核流程是这样的：先做绩效自评，然后是360度评估，之后由上级评估，再通过绩效结果校准，最后进行结果沟通。事实上，这通常也是实施OKR模式的公司惯常的绩效考核方法。下面对此逐一介绍。

绩效自评

员工在做绩效自评时，无须参照之前OKR逐一自评，而只需填写自己做了哪些重点工作。这颇有些类似谷歌的做法。它给员工以这样的心理暗示：绩效考核只看贡献大小，不看OKR的完成率。员工需在5天内完成绩效自评。

360度评估

员工在填完工作自评后，需一并填写要邀请哪些同事做360度评估，至少5人，最多10人。360评议的内容包括业绩、字节范、投入度三个维度，各维度详细说明如表9-3所示。

表9-3 字节跳动考核维度说明

维度	说明
业绩	基于角色职责预期，评估实际产出和贡献，包括专业和管理（若有）两个方面 1. 业绩评分 从F、I、M-、M、M+、E、E+、O、O+、不了解选项中选择一项 2. 做得好的 通过数据/具体行为/举例来说明 3. 待改进的 说明哪些做得还不够，希望他在未来提升

（续）

维度	说明
字节范	评估行为表现是否符合字节范，反映工作过程中采用的方式方法 1. 字节范评分 从 F、I、M-、M、M+、E、E+、O、O+、不了解选项中选择一项 2. 字节范评语 可从下列几个条目中选择希望评估的字节范，并进行描述，要求通过具体行为/事例来描述 始终创业： 多元兼容： 坦诚清晰： 求真务实： 敢为极致： 共同成长： 整体评估：
投入度	全身心投入，视工作为事业，有主人翁精神；不计较一时得失，与公司长期共同发展 1. 投入度评分 从 F、I、M-、M、M+、E、E+、O、O+、不了解选项中选择一项 2. 投入度评语 （用文字具体说明）
留言	留言对被评价人可见

所有收到邀请的评价人都需要给出三个维度的评分和具体评价，被评人看不到他人的评分，只有上级可以看到。字节跳动只给 360 度评估留了 2 天时间。

上级评估

员工的 360 度评估完成后，最后的评价就由主管参考 360 度评估给出。主管会针对业绩、字节范和投入度三个维度分别给一个等级和相应文字描述。字节跳动要求上级在 3 天内完成下级绩效结果评估。

绩效结果校准

直接主管完成下属的绩效评估后，考核结果会汇总到员工的隔层上级处，由隔层上级进行拉通，在大团队内统一审视，拉齐评价尺度，避免因人而异出现手松手紧不一致现象。这一步一般要在一周内完成。

结果沟通

绩效结果最终确认后,由直接上级负责同下属完成绩效结果的沟通。这一步约持续一个月时间。

让 OKR 和考核各自归位

怎么样才能让你的业绩更好?

假如你的业绩用分数来表示,分子是你实际创造的价值,分母是你设定的目标。如果你追求分数更好看,你大可以把分母定得更小,这样你在分子上创造的任何微小的价值,都可以带来分数的巨幅提升。

但,这真的是我们想要的吗?恐怕不是。

在设定 OKR 时,正确的做法是:设定一个很大的目标做分母,让它像珠穆朗玛峰一样高耸云端,指引你攀登。你最后攀登的高度,构成了你的分子。在评价绩效时,我们应当关注的是你的分子,而不是分子除以分母得到的这个分数。这个时候分数大小已经没有任何意义,真正有意义的是分子的实际大小。

我们也看到,阿里巴巴在有意地弱化强制比例考核,字节跳动则在绩效考核中有意弱化 OKR,它们虽然殊途,却也同归,都是要让 OKR 和考核各自归位:OKR 致力于做大蛋糕,创造更大的价值;绩效考核致力于分配蛋糕,创造更公平的环境。你不能在蛋糕做出来之前,就想着怎么去分蛋糕;你也不能在蛋糕做出来后,让没有做出多少贡献的人反而拿到了更多的蛋糕。你一定读过北宋诗人张俞的"蚕妇"这首诗。

蚕妇

昨日入城市,归来泪满巾。

遍身罗绮者,不是养蚕人。

蚕妇何以"归来泪满巾"?只因"遍身罗绮者,不是养蚕人"。绩效考核要解决的正是如何让那些真正的养蚕人成为"遍身罗绮者",只有这样,才不会让养蚕人"归来泪满巾",才会像华为所说的那样"不让雷锋吃亏"。

OKR制定、OKR使能、OKR复盘组成的是价值创造循环,这个循环致力于"做大分子""做大蛋糕",驱动组织为客户创造更大的价值。而这创造的价值,才应作为绩效评价的输入,成为价值分配循环的原材料(见图9-2)。

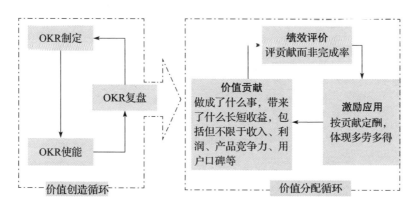

图9-2 OKR与绩效考核

对绩效考核的再反思

绩效考核是一个组织不舍得抛弃,而员工又很难喜欢上的一种管理活动。无论组织怎么优化,都会出现谷歌前首席人才官拉斯洛·博克(Laszlo Bock)所说的困境:员工不喜欢当前的绩效考核方式,但他们同样也不喜欢新的绩效考核方式。

绩效考核之所以难以让员工满意,很大的一个原因源自员工对自身绩效的认知同实际绩效之间存在巨大差异。罗斯·A.米勒·汉森和伊莱恩·D.普拉科斯两人对这个问题剖析得最深刻,两人认为:

当前很多组织假定本组织内员工的绩效符合正态分布:大多数人位于

平均绩效附近。然而，员工却不这么认为，他们会认为自己的业绩要显著高于组织的平均水平。实际上，组织中大部分员工的业绩低于组织平均水平，他们的绩效分布也更像是幂次曲线分布。

用一张图来表示，即图9-3。

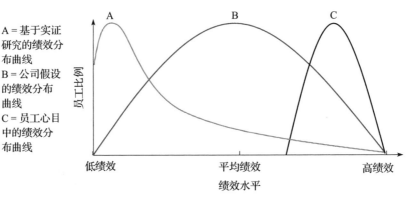

图9-3 员工和组织眼中的绩效分布曲线

可以看到，员工眼中的绩效分布曲线和大多数组织假定的业绩分布曲线之间存在很大落差。这也就难怪当员工得知自己的绩效评级时会有异常惊恐的表情。华为深知这一点，所以在面向管理者的绩效管理培训材料中明确指出：绩效考核不是要让员工满意，绩效考核是为了公正地衡量和认可员工的贡献，从而驱动组织业绩的达成。

那么，有没有办法来减少员工认知和组织假定这两者之间的反差？

其实是有的。这就要求管理者和员工在过程中更高频地互动，让员工在过程中得到更多关于目标达成得怎么样了的反馈，帮助他们纠正认知上的偏差。如果管理者能修炼好OKR的五昧真火，也就是和大家一起共创好OKR、转动好OKR使能飞轮、开展好OKR复盘、维护好OKR理念、运用好OKR工具，员工绝不会对自己的最终绩效结果再感到诧异。这就好比我在草原上开车，当我偏离目标时，如果总有人不断地在告诉我这一信息，从而让我可以及时做出调整，那么即使我最终由于自身能力等因素而真的没能在指定时间到达指定地点，我也不会再抱怨什么。重要的是结合目标的过程反馈和辅导，而不是单纯地秋后算账。

另外，还有一个极其重要的点是：企业要客观地假定本企业的绩效分布曲线。我在《绩效使能：超越 OKR》一书中，详细地分析了员工绩效分布曲线究竟应该是正态分布曲线，还是幂次分布曲线的问题。大多数组织都假定其员工绩效符合正态分布规律，那其实是错误的。一个群体的绩效要符合正态分布规律，必须满足两个条件：一是人群是随机分布的，二是人群规模要足够大（通常要大于 1000 人）。但很显然，首先企业内的员工是经过严格的招聘面试的，招聘质量很难是随机的；其次组织在应用正态分布曲线时，大多会将考核比例逐层摊派至基层团队，从而导致应用的人群范围显著低于 1000 这一规模。基于这两点，在组织中强制要求员工绩效符合正态分布是武断之举。

如果你不信任你的招聘质量，那你可以在 1000 人左右的人群范围内假定群体绩效分布符合正态分布（如图 9-3 中的 B 曲线所示），但请不要再在更小的群体中进行比例分摊。阿里巴巴过去在绩效考核时，就曾明确要求管理者只能在一定管理范围内（阿里巴巴的 M5/P9 层级）应用考核比例，禁止向下做比例摊派，一经发现将追究管理者责任。你可以借鉴这一管理实践，并把正态分布曲线应用的人群规模限定在 1000 人以上。

如果你信任你组织的招聘质量，那么你组织的人群绩效分布就已打破了正态分布规律，它更可能是精英组织，其绩效分布曲线更可能是幂次曲线分布（如图 9-3 中的 A 曲线所示）：少数人创造了大部分绩效。在这种情况下，建议你的比例设置遵循大三档的规律：少量比例是高绩效人员，少量比例是低绩效人员，大部分人员业绩其实差异不大，且都低于组织的平均水平。这并不意味着组织中的大部分人都有问题，因为影响绩效达成的，除了个人因素，还有环境因素和时间周期因素。不是他们产出高绩效的能力不足，或者意愿不够，而只是火候没有到。此时，不妨宽容一些，给他们一些时间，仅在长时间无法产出时才采取必要的管理举措。

一种全新的实践

当很多公司还在犹豫开展 OKR 后要不要考核 OKR 的完成率这个问题时，一种大胆而全新的 OKR 实践已经在一个企业里展开。我暂且用 A 公司指代。

A 公司的创始人打心里认同 OKR 的理念，认为加入 A 公司的员工，就应该是内在驱动，而非用考核和激励驱动。他认为单纯依靠考核和激励驱动的组织太过功利，太没有追求和理想主义情怀了。他不想要这样的组织。于是，他在公司的高层管理会议上讲了他的这个想法。然而，令他惊讶的是，公司大多数高管都不太认同他的这一想法，认为太过激进。

有高管说："如果不考核 OKR，会不会造成一片混乱，让我们手里缺少了一根指挥棒？"

也有高管说："很多人加入公司，就是为了能通过达成公司给他的目标，实现在这里升官发财的梦想。现在不考核 OKR 了，他们会不会就地躺平，或者转身离开另谋高就？"

还有高管说："如果不考核 OKR 了，我实在想不出我还能用什么工具去调动这支队伍打仗。"

当然，还有其他不同声音。这些声音虽然用词不同，但都传递出一个信息：不考核 OKR 行不通。

尽管有不同的声音，A 公司创始人内心依然坚定，他认为高管们说的都是现象，现象不等于真问题，现象也不等于真理。转换思路，这些现象都可以迎刃而解。

A 公司创始人首先在公司内发起了一次工作动机盘点。他希望整体了解一下公司现有员工的动机状态。评估问卷采用的就是爱德华·德西（Edward L. Deci）的动机问卷。这一问卷的中文版本我在《绩效使能：超越 OKR》一书中有介绍。评估结果不出所料，公司员工整体偏外在动机驱动，这和管理层的动机状态基本一致。什么样的帅，带出什么样的兵。

兵熊熊一个，将熊熊一窝。古老的格言并非毫无道理。

在了解了公司整体的动机状态后，A公司创始人接下来分别面向新人和管理者做了一系列动作，他希望通过这些管理动作的实施，驱动公司的内核升级。

动作一：把OKR理念融入新人选拔和培训中

千头万绪，改变该从哪里开始呢？A公司创始人从亚马逊的管理实践中得到了启发。日本亚马逊创始成员、在日本亚马逊服务了长达15年之久的佐藤将之分享了亚马逊的一个管理实践：[50]

贝佐斯非常讨厌大家做华而不实的花哨PPT进行汇报，于是在内部取消了PPT，要求开会时只能用Word文档。这就要求大家具备资料撰写能力。然而，在刚开始禁用PPT那段时间，很多员工的文章都写不好，这让贝佐斯很头疼。于是，贝佐斯在录用新员工时，会特别考察应聘者的写作能力，要求应聘者撰写一段短文，文笔太稚嫩的就会被淘汰掉。

这一实践启发了A公司创始人，他决定在A公司也首先从入职面试环节抓起。

首先是针对新员工：

- **面试环节中增加一轮工作动机状态面试**。如果一个候选人选择加入A公司，只是为了要在A公司拿更多的回报，那么他就会被判定为不符合A公司的OKR导向，因而被一票否决筛选掉。面试官必须甄别出谁是因为对事业的热爱、对公司有强烈认同而加入的，谁只是把公司作为一种升官发财的途径。公司欢迎前者而拒绝后者。
- **新人OKR培训**。除正常的公司新人培训课程外，公司还特别增加了针对新人的OKR培训。告诉他们，公司不会用OKR的完成率去考核他们。但这并不等同于公司就不考核。考核仍在，但考核看重的是你对公司产生的价值的大小。价值谁来定？当然是管理者，如果一个管理者连员工对组织的价值的大小都分不出来，那么这个管理者就是不合格的。不知道价值，他们怎么可能贡献更大价值。

- **给新人二次选择去留的机会。** 为期一周的新人培训结束后，公司借鉴了亚马逊的做法，重新给员工提供了一个去留选项：

　　A. 我要留下：我喜欢这份工作，工作本身就是对工作最好的激励，我愿和公司一起行稳致远

　　B. 我要离开：公司暂时满足不了我的发展诉求，我有更好的选择

　　对于选 B 选项的员工，公司会给他提供一笔相当于 3 个月工资的转向金，以帮助他果断做出离开公司的选择，让他不要因为一些物质上的不舍而难以做出抉择，既耽误了自己的前途，也稀释了公司的内在动机密度。

"问渠那得清如许，为有源头活水来。"新人是公司的新鲜血液，新人这道关把好了，假以时日，公司的整体动机状态就会通过持续的新陈代谢而焕然一新。

动作二：把 OKR 理念融入干部选拔和培训中

要确保公司的 OKR 成功推行，管理层的理念转变是至关重要的一环。参照公司分层思考模型（见图 9-4），公司高层管理者主要是要实现理念转变，知道为什么要这样做；公司中层管理者则主要想清楚要在自己的业务土壤上做成什么样；公司的基层管理者则是要知道在自己的团队中怎么去最终落地。只有高层、中层、基层紧密配合，公司的 OKR 推行才能最终取得成功。

基于此，公司针对管理者也采取了系列管理动作：

- **高管 OKR 沙龙。** 公司外聘了一位资深 OKR 教练，以辅导高管如何掌握 OKR 的理念精髓。高管首先要认可 OKR 理念，不能换汤

不换药，还是用 KPI 思维去实践 OKR。

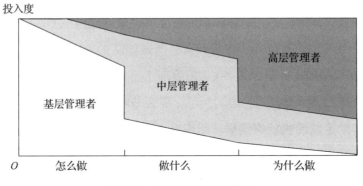

图 9-4 公司分层思考模型

- **高管带头开展 OKR 内训**。真正的掌握，不在于你学了多少，而在于你能讲出多少。讲是最好的学，这也是费曼终极学习法的真谛。A 公司要求每位高管带头完成 OKR 教练认证，成为 OKR 内部教练。同时还要求每位高管每年至少讲 2 场 OKR 内训课，可以是面向中基层管理者的 OKR 管理内训，也可以是面向普通员工的 OKR 新人内训。

- **面向中基层管理者推行 OKR 三板斧课程**。高管做好表率了，接下来要赋能中基层管理者。为此，公司面向管理者开发了 OKR 三板斧课程，以指导管理者如何通过 OKR 共创会制定 OKR，如何进行 OKR 使能和如何进行 OKR 复盘。

- **OKR 年度论坛**。公司年度管理者大会专门开辟了一个全新环节：OKR 年度论坛。在这个论坛上，公司会邀请 OKR 开展卓见成效的一线基层管理者分享他们的具体做法，以供那些才刚刚起步或者处在 OKR 开展泥潭中的团队借鉴。所有 OKR 优秀实践会被装订成册，分发给全体管理者。这既是给予 OKR 先行者的一种荣誉和感谢，也是一种组织经验的快速传承。

- **半年 OKR 体检**。在每半年考核完成后，公司会采用 Z20 文化测量表进行全员调研，输出 Z20 OKR 文化评估报告。这份报告会详细地指明管理者在 OKR 制定、OKR 使能、OKR 反馈、OKR 与考核间关系等方面做得好的地方和不足之处。它就好比组织 OKR 开展情况的晴雨表，能帮助管理者看到自己所带团队的 OKR 状态。通过此举，公司能有效驱动管理者 OKR 管理水平的持续提升。问题出在主席台，如果管理者的思维转换了，那么 OKR 管理水平自然就提升了。

- **年度组织动机状态调研**。组织动机的改变需要较长的时间周期，它不可一蹴而就，所以一年检查一次就更为合理。A 公司没有像其他公司那样做年度组织气氛或敬业度调研，而是做组织动机状态调研。A 公司创始人的假设是：组织的工作动机才是组织真正的发动机，如果这个工作动机是内在动机，那这个组织的员工就会"不待扬鞭自奋蹄"，组织就是自带能量包的，就可以有效地自运作，就可以极大地简化管理，自然也就能带来与众不同的业绩；而如果这个组织的工作动机是外在动机，那这个组织必然需要施加大量的管理动作和激励手段，员工就无利不起早。A 公司希望不断提升组织的内在动机。

动作三：重新定义公司绩效考核制度

同事评价

很多公司都选择在考核启动时才做同事评价，这样做有很多弊端：

- 离一起做项目的时间有些久远了，考核时已经记不起曾经共事的项目的很多细节了，因而评价本身会失真。
- 由于意识到同事评价会影响员工的绩效，因而大多会选择"放人一马"，给出高分评价，从而出现评分者宽大效应。

基于这些考虑，公司倡导一事一环评，把同事评价做在日常，这样能得到最"新鲜"的反馈，并且这些反馈能够及时地帮助到被评价人。由于员工通常在一个考核周期中会参与多个项目，因此他们不会强烈地感知到同事评价对他们绩效结果的影响，从而更多地会将同事评价视为在帮助自己寻找优势和不足，这本身就会减少评价人的评价压力，提升同事评价的客观性。

在实操上，每当员工完成一个项目后，项目负责人会发起同事评价流程，以收集相关同事对员工工作的全面反馈。同事评价完全基于工作流，除包含项目负责人自己外，通常还会包括同级同事，也可以包括下级同事。收到同事评价邀请后，评价人需要反馈的内容包括：

- 在这个项目中，他/她做得最成功的地方是什么？
- 在这个项目中，他/她可以做得更好的地方是什么？
- 整体而言，10分满分的话，你给他/她在这个项目中的工作产出打几分？
- 未来你还愿意继续同他/她共事、做项目吗？

此外，公司会设置一些选项来评估评价人对被评价个人项目的了解程度及对项目的影响力，作为判断其评价内容有效性的依据，从而筛选出可靠的评价内容。同事评价是主管判断被评价人绩效的一个重要输入。

员工自评

考核启动后，借鉴谷歌的做法，要求员工简要描述自己在过去考核周期中所取得的成就，包括参与的项目、项目角色、取得的主要成果，对自己的成绩做出自我评价（见图9-5）。

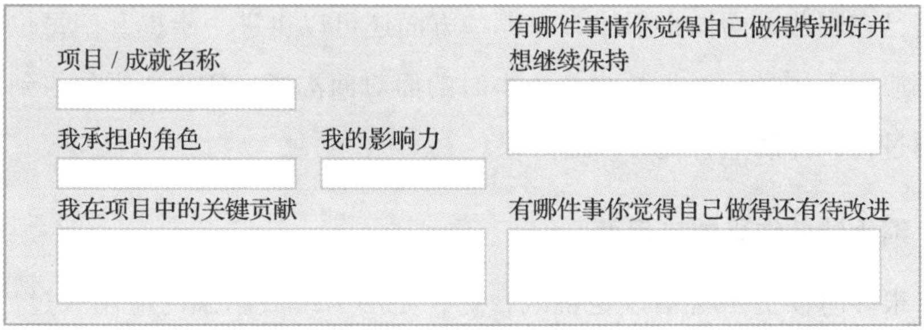

图9-5　自评内容图

员工自评很重要的一点，就是不要再把贡献和OKR完成率画等号，这个时候OKR完成了多少已经不重要了，重要的是你的OKR为公司产生了多大的贡献。

初评

直接主管基于对下属工作的了解，并参照日常同事评价给出下属绩效初评建议。主管在给出初评结果时，不能直接简单依据目标完成率给出考核结果，而是要根据这位员工具体为公司做出了多大的贡献、任务难度、员工级别等综合给出。

校准会议

绩效校准是保证绩效评价公平性的有效方法。在直属主管做出初评后，公司会将其他5～10名主管与直属主管共同组成一个绩效校准委员会，拉通在一起集中审视他们下属的绩效结果，这样做避免直接主管出现手松手紧不一致的情况，从而拉齐评价尺度，提升评价的客观公正性。

在校准会议开始前，为避免出现整体性偏差，如员工近期表现对总体印象的影响，组织者会带领大家回顾一些常见的评估偏差（如光环效应、首因效应、近因效应、宽大偏差等）。高绩效员工和低绩效员工是绩效校准环节重点审视对象，以确保既不乱立标杆，也不做老好人。

绩效沟通

绩效沟通的目的是对员工过去的付出画一个阶段性句号，让他们意识到自己在哪些方面做得不错，在哪些方面还可以再进一步提升。每位管理者都应同下属进行时长至少为1小时的面对面沟通，HRBP要参与到绩效沟通过程，协助主管提升沟通效果。

缩小绩效结果的应用面

很多时候员工害怕设定挑战目标，是因为绩效结果的应用太过广泛，对员工的影响太大，让员工变得瞻前顾后。在大多数组织中，绩效既影响员工的调薪，也影响员工的年终奖，还影响员工晋升，甚至还会影响员工在组织中能享有的福利权利。A 公司试图缩小绩效考核结果的应用范围。A 公司认为，当期绩效结果代表的仅是员工在当前考核周期的贡献大小，它不意味着员工在未来一直会这样。员工当期业绩有可能只是受到了外部环境的影响，或者他当下处于波谷期。基于这些考虑，A 公司决定，当年绩效结果只影响当年年终奖，员工依然可以参与当年的调薪和晋升，更不会影响员工应当享有的福利项。唯有给绩效考核结果做必要的应用松绑，才能让员工轻装上阵。

转变正在发生

在进行了系列变革之后，A 公司创始人很快看到了公司的一些可喜变化。当他在公司 OKR IT 系统中浏览大家的 OKR 时，发现大家更敢于挑战了，不少 OKR 远超他的想象。同时，公司也引入 AAR，员工能在做事的过程中不断回顾和学习，因此组织整体能力得以不断提升。公司也非常注重培育 OKR 复盘文化，每次复盘都是对组织做事方式的一次深刻反思，这是在 AAR 基础上的一次更彻底的认知迭代，它和 AAR 一起组成了组织里的双环学习模式：就事情本身的学习循环，以及组织心智模式的渐进重构循环。特别让 A 公司创造人欣喜的是，现在他外出度假不用再时时盯着手机屏幕以防错过任何糟心的事了。公司实现了相当程度的自我运转。员工变得更加自信，精神面貌也和以前大不同。管理者变得更加从容，从过往繁杂的具体事务中得以抽身，更多地投入到对组织发展更为关键的长期事项中。

转变正在发生！

第 10 章

真 OKR 成就高绩效

德雷斯勒-西贝特团队绩效模型

我一直坚信,管理即"看见",管理即"相信"。意即,好的管理就是要尽可能让过程被员工"看见",并让员工发自内心地"相信"它。没有"看见",很难"相信",没有发自内心的"相信",员工往往也会选择视而不见。

OKR 强调公开透明,就是要让目标被组织内尽可能多的人"看见"。但仅仅让 OKR 公开,并不会自动产生神奇效果。我曾在《绩效使能:超越 OKR》一书中列举过一个事实:在华为 OKR 开展初期,由于团队文化和氛围并没有相应转变,员工在公司 OKR IT 系统中公开的 OKR，其被查阅数量普遍在可怜的个位数。也就是说，大家并不真正关心他人公开的 OKR，还是惯性地在按照过去的做事方式我行我素。因为大家在心里依然把它看作一个绩效考核系统，并不真正"相信"OKR 和考核脱钩。当大家对这个系统并不真正"相信"的时候，就不会主动地去"看见"些什么。

所以，要想改变大家对组织系统的看法，你得先让大家"相信"这个系统，然后才能拓宽大家的视线，让大家"看见"更多。这说起来容易，做起来难，它需要一次系统的组织变革活动才能促成。

组织效能专家艾伦·德雷斯勒（Allan Drexler）和视觉引导专家西贝特（Sibbet）基于多年经验，共同开发了德雷斯勒-西贝特团队绩效模型。这个模型把团队的发展分为 7 个阶段，分别是：创建阶段、信任建立建段、厘清目标阶段、获得承诺阶段、实施阶段、高效产出阶段和重生阶段。两位专家认为，遵循这一过程，可以将组织导向高绩效阶段。从我的视角看，两位专家是让员工"看见"更多的组织活动，并让他们"相信"这个系统确实能促成组织和个人的双赢。

阶段一：创建阶段

在创建阶段，团队领导者需要带领团队成员回答一个最核心的问题：我们为什么聚在这里？也即团队存在的价值和意义是什么？如果团队成员没有找到令人信服的理由，他们通常就不会全力以赴地参与到团队过程中。

除此以外，还要建立团队成员和团队工作之间的连接，让团队成员融入团队工作之中，而不是被团队边缘化。每个团队成员都应当觉得他的工作对团队是重要的，他能为团队做出应有的贡献。与此同时，团队的成败也和自己息息相关。团队成员和团队之间是一种同呼吸、共命运的关系。团队成员之间形成了一种凝聚力和集体荣誉感。当团队成功时，他们会以此为傲；当团队遭遇不顺时，他们也会感到挫败。

在团队内，团队成员拥有自己的独特身份与地位，有人擅长做设计，他是团队的设计师；有人擅长编码，他是团队的工程师；还有人擅长沟通，他是团队的项目经理……每个人都在团队内找到了自己的位置。

当团队卡在创建阶段时，成员通常会显示出：

- 不确定性。如果团队成员不知道团队为什么被搭建起来，他们很可能拒绝前进。
- 迷失方向，心生恐惧。迷失方向可能会引起焦虑甚至恐惧。我们每个人内心都深藏着一种生存本能，远离那些让我们感到受到威胁的事物或者与它们战斗。不知道团队存在的目的，或者不知道自己能为这个团队做些什么，都会让我们感到焦虑甚至恐惧。

阶段二：信任建立阶段

信任建立阶段要回答的问题是：你是谁？

在一个高信任的团队里，团队成员之间会相互考虑、相互依赖、彼此坦诚。

相互考虑意味着团队成员有一颗利他之心，急对方之所急而非自私自利，具备同理心，会换位思考。这颇有点像战友情。

当团队成员彼此之间足够了解时，他们就能充分发挥每个人的特长，扬长避短。团队成员会逐渐依赖彼此的优势。

彼此坦诚意味着团队成员会尽最大可能公开信息，让信息在团队内自由流动，从而减少小道消息满天飞的现象。他们会充分表达各自的观点，并认真面对意见分歧。

当团队卡在信任建立阶段时，成员通常会显示出：

- 小心翼翼和虚伪。团队成员之间说话时小心翼翼，生怕自己说错了什么。团队成员人前人后两张面孔，人前说好话，人后道恶语。在会上，你听到的永远都是好的、赞美的话语，听不到任何反对的声音。然而，在会下，各种不满却到处潜滋暗长着。
- 猜疑。人与人之间充满猜疑，你永远猜不透对方的真正意图是什么，你也永远不知道对方会在前面给你埋了多少坑。在这样的团队，大家都觉得心累。

阶段三：厘清目标阶段

厘清目标阶段需要回答的问题是：我们具体要做什么？

在这一阶段，团队需要制定清晰、可衡量的整合性目标，指明团队在接下来的 3 个月、半年或一年的时间里，具体要做哪些事，要做到什么程度。

当你把团队目标以简洁、鼓舞人心的语言写下来，让人人都可以脱口而出时，厘清团队目标过程才算真正结束。

当团队卡在厘清目标阶段时，成员通常会显示出：

- 盲目做事。由于缺乏清晰、可衡量的目标，团队成员只能盲目地做具体的事，却找不到所做的一件件事之间的主线是什么。
- 无关紧要的较量。由于没有共同的团队目标，每个人都专注于自己狭小的一亩三分地，在很多问题上很难达成一致，偏激地挑战各种想法。

阶段四：获得承诺阶段

在获得承诺阶段，要回答的问题是：我们准备好如何去实现目标了吗？

现在，你们已经拥有了一个鼓舞人心的团队目标。现在的问题是：谁应该做什么，从而共同完成这个目标。这涉及团队成员之间如何分工，以及资源如何分配和投入的问题。

在一个高效的团队里，每个人都清楚自己的角色和责任，相关资源已基本就绪，团队成员对负责的工作信心满满，志在必得。

当团队卡在获得承诺阶段时，成员通常会显示出：

- 茫然。不理解工作应该怎么推进，不知道具体要承担哪些工作，需要依赖团队领导给予指示。
- 抗拒。被动等待上级的安排，工作上不推不动，甚至推而不动。

阶段五：实施阶段

在实施阶段，要回答的问题是：谁负责做什么？何时完成？

实施阶段要建立清晰的实现路径，排定工作优先级以及每项工作的具体完成日期，采用项目化的方式进行管理。另外，要注意避免陷入具体细节，只见树木而不见森林的情况。要定期回顾手头开展的工作对团队目标的贡献程度，是离目标越来越近了，还是离目标越来越远了，还是和目标没有任何关系。要始终确保团队行进在达成目标的路上。为了达成团队目标，团队通常会建议相应的纪律约束，高效的团队通常是那些能实现同频共振的团队。

当团队卡在实施阶段时，成员通常会显示出：

- 挫败。团队总是错过最后交付期限，或者交付质量总是达不到客户要求，这会让团队成员备感挫败。
- 精疲力竭。为了赶进度，团队经常加班加点，甚至节假日无休，如果这场硬仗最终能让大家看到曙光，那么它事实上是在磨炼团队，而如果团队长时间看不到进展，就会士气低落，进而让大家感到筋疲力尽。

阶段六：高效产出阶段

在高效产出阶段，需要解决的问题是：如何维持大家高昂的战斗力状态？

经过前面几个阶段，现在团队来到了顺风顺水时刻。大家自发互动，彼此信赖，围绕团队目标充分协同，把各自最优秀的一面充分展现出来，团队中会产生很多美好的化学反应，实现 1+1 远大于 2 的效应。

然而，高效产出状态是不稳定的。成功的团队可能会变得过度活跃，从而额外接受太多其他工作，或者在成功的鼓舞下变成工作狂。你可能会高效一阵子，然后有些团队成员被分派到其他的团队去，之后你发现团队的能量开始分散；或者有新的团队成员不断加入进来，但他们并没有经历过早期的各种过程，他们的想法较难与其他团队成员同频，也意识不到当前运作的流程是怎么回事。这种情况的症状包括：抱怨增加，公开表达不满，或者在极端的情况下出现疾病和压力症状。这种过度负荷状态没法由团队自己处理，而需要组织本身来应对。团队主管需要时刻关注这种情况。

阶段七：重生阶段

在重生阶段，需要回答的问题是：我们为什么要继续？

当团队经历高效产出阶段之后，会获得诸多肯定与赞扬。然而，团队是动态的。一些人因为团队的优秀表现而获得晋升，也会有一些新人加入团队，还有一些团队成员因为各种各样的原因而离开团队。总而言之，团队的组成发生了变化。新团队会重新审视一个问题："我们为什么要继续待在这里？"团队可以借复盘过去的机会，和团队成员一起回答这个问题，最终如果决定要继续，那么就相当于重新回到了阶段一，从而开启团队的下一轮生命周期。

OKR 五昧真火与德雷斯勒 – 西贝特团队绩效模型

回顾德雷斯勒 – 西贝特团队绩效模型的 7 个阶段，德雷斯勒和西贝特把它们绘制在了一条 V 形曲线上，如图 10-1 所示。

V 形曲线的底部是"获得承诺"阶段，左边是创建阶段、信任建立阶段、厘清目标阶段，右边是实施阶段、高效产出阶段、重生阶段。左边对应团队的创建，右边对应团队的持续。

第 10 章 真 OKR 成就高绩效　　235

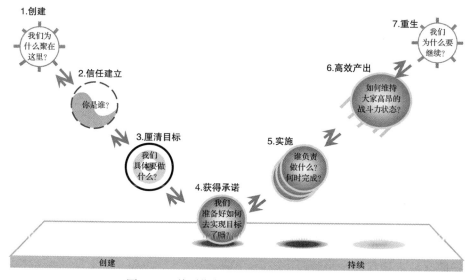

图 10-1　德雷斯勒－西贝特团队绩效模型

- 团队初始创建时，什么都没有，形如梦幻，两位专家用一个发光的图像代表。
- 在信任建立阶段，团队成员间需要情感磨合，团队需要积蓄能量，两位专家用一个阴阳二分图像代表。
- 目标有如一个靶心，用标靶来表示厘清目标阶段再自然不过了。
- 只有在资源、责任都分配到责任人并获得他们的承诺之后，团队才真正开始发生转变，这是团队由虚到实的转折点，意味着团队开始从构想阶段转向产出阶段。因此，两位专家用一个实心球代表。没有产出的团队无法持续，因此，团队创建与团队持续在这里交汇。实心球在这里触地。
- 实心球开始触地反弹，进入第五阶段：实施阶段。实施阶段很重要的一个工作是关于具体要做的事如何排序，因此，两位专家用带顺序的图像来代表。
- 高效相对于变化是脆弱的，所以球在这里变成了一个泡泡，它可能随时会破裂，需要能量去持续维系。

- "重生"（renewal）意味着团队需要反思其继续存在的必要性。如果团队没有解决好这个问题，团队可能因此缺乏动力，甚至因此而消亡。所以，两位专家重新用一个发光的图像来表示，这代表着一个轮回。

我花了不少篇幅来介绍德雷斯勒–西贝特团队绩效模型，因为它在团队领域实践了多年，可以帮助团队有效地诊断自身究竟在哪个阶段存在问题，从而能更好地对症下药。

有意思的是，当我们把OKR的五昧真火与德雷斯勒–西贝特团队绩效模型的7个阶段对应时，我们会发现：修炼好OKR的五昧真火，就能把团队推进到高效产出阶段。

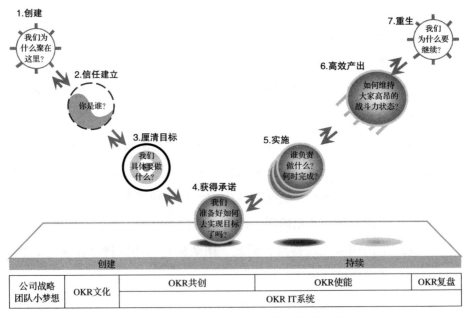

图10-2　德雷斯勒–西贝特团队绩效模型与真OKR

团队因何而创建，团队的价值是什么，这些问题通常需要从组织战略中去寻找答案。当一个组织设置一个团队时，通常是希望它能支撑组织的战略。但是，团队负责人不能仅仅是一个执行者，他还需要思考：除了组织上赋予他的组织职责外，他还能做些什么，这就是每个团队都要有自己的小梦想，这是超越团队 OKR 的部分。我在第 3 章中介绍过团队小梦想的企业案例。

信任是 OKR 文化的核心组成，没有信任，团队成员打不开心结，目标也会偏保守；没有信任，OKR 复盘也走不深，只能浅尝辄止。

OKR 共创就是要厘清团队的共同目标。不仅如此，OKR 共创阶段还要梳理各团队之间目标的依赖关系，获得依赖团队的支持承诺，最终形成一张目标大图。因此，通过 OKR 共创，既能实现目标的厘清，也能获得成员的承诺。

OKR 使能对应德雷斯勒 – 西贝特团队绩效模型的实施阶段和高效产出阶段。

OKR 复盘对应德雷斯勒 – 西贝特团队绩效模型的重生阶段，通过结构化的反思、探索与总结，回答团队因何而成功，因何要继续下去的问题。

而 OKR IT 系统，有效支撑着 OKR 的共创、使能和复盘，它是这三者的有效承载。

这意味着，修炼好 OKR 的五昧真火，团队可以成就高绩效。OKR 五昧真火和德雷斯勒 – 西贝特团队绩效模型用了不同的语言，走了不同的道路，最后却是殊途同归，都能成就团队高绩效。

OKR 五昧真火点燃时间序列

现在，你已经完整地了解了 OKR 的五昧真火，以及这样做的力量。但是，我们应该以什么样的时间表去点燃它们呢？假如我们的 OKR 开展周期是季度，那么 OKR 五昧真火的点燃时间应当如图 10-3 所示。

在每年年度结束前的 3 周内，先完成上一年年度 OKR 的复盘，以真实摸清组织当前的家底，明白我们已经干成了什么，还没干成什么，在哪些方面已经构筑起了优势和竞争力,在哪些方面还存在不足。重要的是,要匹配业务现状,对当前组织文化进行系统审视,组织文化中哪些部分助推了业务,哪些部分阻碍了业务,要把它们找出来进行仔细的分析。若有必要,更新组织的简单规则中的过时部分,甚至是更新组织文化中的滞后部分。

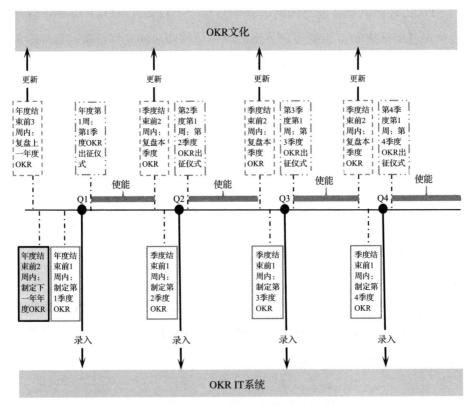

图 10-3　OKR 五昧真火点燃时间序列图

年度复盘这把火点燃之后,要趁热打铁,制定出下一年度的 OKR,这把火需要在年度结束前的 2 周内烧起来。年度 OKR 是拉长时间看下一个整年组织的业务发展方向,它好比组织未来一年各项工作的灯塔。

烧完年度 OKR 这把火后,接下来就可以设定第 1 季度的 OKR 了。季度 OKR 要服务于年度 OKR。换言之,季度 OKR 达成了,年度 OKR 应该也因此被向前推进了。

第 1 季度 OKR 制定之后，需要将年度 OKR 和第 1 季度 OKR 一并录入组织的 OKR IT 系统，以借助 IT 产品的优势，实现 OKR 的公开透明，同时也便于后续进行 OKR 回顾。要始终确保在第 1 季度一开始，就在组织的 OKR IT 系统中录入 OKR。做到了这一点，就会向组织里所有人清晰地传递一个行动信号：集结的号角已经吹响。然后，在第 1 季度的第 1 周内，发动组织成员进行第 1 季度 OKR 的出征仪式。出征仪式就像战前动员，正式向大家明确组织在新的年度和第 1 季度的目标，激励大家全力以赴。

至此，OKR 就进入使能阶段了。建议每双周召开一次双周会，通过双周会方式回顾 OKR 的完成情况，识别风险并为大家提供必要的帮助。

再之后，到每个季度结束前的 2 周内完成复盘，结束前 1 周内完成 OKR 制定，在新的季度开始时在 OKR IT 系统中录入 OKR，并召开 OKR 出征仪式。形式与第 1 季度类似，循环往复。

这就是 OKR 五昧真火的点燃序列。成功贵在坚持，当你感觉做这些动作就像呼吸一样自然时，OKR 的五昧真火就真正修炼成功了。祝你早日达成这样的境界。

慧眼识真

在开展 OKR 的过程中，你应当始终具备一双慧眼，随时明辨孰真孰假。相信耐心地读到这里的读者，已经练就一双深邃的慧眼了。你可以从下面几个辨识点快速辨别一个团队开展的是不是真 OKR。

- 辨识点 1：公司一把手和高层主管不亲自制定 OKR 的，不是真 OKR。
- 辨识点 2：把 OKR 当作 HR 工具，而非战略承接工具的，不是真 OKR。
- 辨识点 3：片面地只修炼了 OKR 五昧真火中的某一昧或某几昧而

非全部五昧的，不是真 OKR。

- 辨识点 4：没有采用共创 / 共识会方法制定 OKR，而是通过少数人制定后简单往下瀑布式传递的，不是真 OKR。
- 辨识点 5：所制定的 OKR 不符合 CLASSIC 标准的，不是真 OKR。
- 辨识点 6：还在用"跟踪""跟进"等传统管控思维检查 OKR 完成进度，而不是努力创造和培育环境以使能 OKR 完成的，不是真 OKR。
- 辨识点 7：在 OKR 开展过程中，没有围绕 OKR 进行高频互动和过程反馈的，不是真 OKR。
- 辨识点 8：没有在 OKR 周期结束时对 OKR 进行深度而系统复盘的，不是真 OKR。
- 辨识点 9：没有形成与 OKR 相适应的公开透明、敢于挑战、内在驱动文化的，不是真 OKR。
- 辨识点 10：把 OKR 得分或 OKR 完成率生硬地和绩效结果直接绑定的，不是真 OKR。
- 辨识点 11：当组织人员超过 1000 人规模后仍没有采用 OKR IT 系统的，不是真 OKR。
- 辨识点 12：没有连续开展 1 年以上 OKR 的，不是真 OKR。

这 12 个辨识点组成了 OKR 保真度评分表，如表 10-1 所示。

表 10-1 OKR 保真度评分表

序号	辨识点	未做到（0分）	基本做到（6分）	完全做到（10分）
1	公司一把手和高层主管带头亲自制定 OKR			
2	OKR 作为组织战略承接工具，而非 HR 工具在被应用			
3	完整地修炼了 OKR 五昧真火中的全部，而非局部			
4	在制定 OKR 时，注重共创和共识			
5	所制定的 OKR 符合 CLASSIC 标准			
6	在 OKR 开展过程中注重"使能"，而非"跟进""跟踪"等传统思维			

（续）

序号	辨识点	未做到（0分）	基本做到（6分）	完全做到（10分）
7	在 OKR 开展过程中会围绕 OKR 进行高频互动和过程反馈			
8	在 OKR 周期结束时会对 OKR 进行深度而系统的复盘			
9	形成了与 OKR 相适应的公开透明、敢于挑战、内在驱动文化			
10	把 OKR 得分或 OKR 完成率和绩效结果区分开，不做强绑定和简单对应			
11	有意识地通过工具（如 OKR IT 系统）提升 OKR 开展过程的便利性			
12	已连续开展 OKR 至少 1 年以上			

有了 OKR 保真度评分表，你可以快捷地评判哪些企业开展的是真 OKR，哪些企业开展的是假 OKR，一目了然。字节跳动和谷歌分别是中国和美国开展 OKR 的榜样，它们的 OKR 保真度评分为满分。我曾评估过国内不少企业，非常遗憾，它们在 OKR 保真度评分表上的表现堪忧，很多企业不及格，不少企业甚至是零分。如果你的企业也在开展 OKR，它的 OKR 保真度如何？它是真 OKR 吗？不妨测一测！OKR 保真度评分表让你多了一双量化慧眼。

最后的忠告

相信你对质量管理之父爱德华兹·戴明（W. Edwards Deming）并不陌生，他通过帮助日本企业界广泛采用质量控制方法，促成了日企产品质量的跃升，成就了战后日本的辉煌。这一质量管理方法至今依然是工业界不可撼动的质量管理基石。

戴明本是美国人，1928 年取得耶鲁大学的物理学博士学位。在攻读博士学位期间，戴明曾经在芝加哥的西部电气公司霍桑工厂工作过一段时间。正是在这段时间里，他结识了当时同在西部电气工作的沃尔特·休哈特（Walter Shewhart）博士，两人此后成为亦师亦友的莫逆之交。休哈特一生都在致力于如何更科学地做好产品的质量控制，被誉为"统计质量控制之父"。他早在1924年就开发出了过程控制图，并将这一成果发布在他1931年的专著《产品经济质量控制》（*Economic Control of Quality of Manufactured Product*）中。戴明很快意识到了休哈特的研究成果对企业界的巨大意义，休哈特的质量控制方法对戴明的一生产生了重大影响。博士毕业后，戴明去了美国农业部固氮研究所从事统计学研究工作。他邀请休哈特给美国农业部研究生院做了系列演讲，并将这一系列演讲稿精心编辑，于1939年出版了《质量控制理念的统计方法》一书。此后，随着美国卷入第二次世界大战，戴明在斯坦福大学为美国国防承包商开发了系列短期课程，以培养他们掌握质量控制方法。到1945年，接受这一方法的工程师数量达到了3万之多。在这些人的推动下，美国于1946年成立了美国质量管理协会。然而，尽管做了很多培训，也取得了不小突破，但挑战依然存在。戴明后来回忆说："质量控制方法虽然在工程师中广受欢迎，但美国企业界的管理者们却普遍对此无感。"这导致质量控制方法在美国的影响始终非常有限。

1947年，戴明接受盟军最高指挥部的征召，赴日本帮助当地进行战后重建。戴明到日本的本来意图，是指导日本人进行人口普查，讲授统计与质量管理。恰在这段时间，日本组建了本国的科技联盟，致力于日本战后重建。他们邀请戴明去给他们讲授统计方法。戴明兴高采烈地去了。日本科技联盟一共为他安排了两场讲座，一场在东京，共150人参加，一场在日本福冈，有110人参加。但这两场培训却让戴明非常失望。戴明在一个回忆录中写道：[51]

学员们都非常棒。但在演讲的第一天，我就意识到："如果不能和这些学员的高管层进行沟通，这一方法不会给日本带来一丝一毫的变化。"那个时候，我脑海中产生了一些关于高管层必须做些什么的想法。很多质量控制事项只能由高管层去推进……我意识到我必须触达企业的高管层，否则，我只会在这里重演美国的失败结局。

意识到这点之后，戴明一改之前的做事方式，不再只是给工程师做演讲和培训，而是致力于影响公司的高层管理者。在朋友的帮助下，戴明最终联系上了日本科技联盟（Union of Japanese Scientists and Engineers，JUSE）领导人石川一朗（Ichiro Ishikawa）。石川一朗在同戴明进行了三次深入会谈之后，对戴明的质量管理方法深信不疑。他召集了21位企业家同戴明见面。日本企业家当时问了戴明一个问题："要把日本由一个制造劣质低档产品的国家转变为能生产高质量产品、在国际市场上具有竞争优势的国家，需要多长时间？"戴明预言道："只要运用科学统计分析方法建立质量管理机制，5年后日本的产品质量就可以超过美国。"果然，日本的产品质量总体水平在4年后（约1955年）就超过了美国。在随后的30年间，戴明在日本各地举办质量管理培训讲座，传授他的质量管理思想。据说当时日本每5个企业最高领导人中就有4人曾听过他的讲座。日本企业界对戴明推崇备至。当时在丰田公司东京总部大厅里，有三张比真人还大的照片，其中一张是丰田创始人的，另一张是丰田现任总裁的，第三张比前两张都大，是戴明的。经过30年的发展，到20世纪七八十年代，日本不仅在产品质量上，而且在经济总量上都对美国工业构成了巨大挑战。

戴明在日本享有盛名的同时，在美国却长期无人问津。他的小女儿琳达后来回忆说："我知道这令父亲有种受挫感——虽然我不知道他愿不愿意承认——因为父亲自视甚高。我相信他一定很难过。当一个人怀抱使命、理想，却无人理睬时，心里一定不好受。"他在日本的声誉和在美国遭受的冷遇，形成了鲜明的对照。美国人直到1980年才回过神来。这一年，电视制作人梅森（Clare Crawford-Mason）女士制作了纪录片《日本行，为什么我们不行？》（*If Japan can, why can't we?*），并由美国广播公司（NBC）在全美播出。这部纪录片赞扬了日本的制造业，但主角却是美国的戴明。在意识到了戴明质量管理方法给日本工业界带来的巨变之后，美国终于重新发现了戴明，各大企业高层管理者纷纷邀请戴明前去传授管理思想，其中包括福特、通用、摩托罗拉、宝洁等美国知名企业。戴明乐此不疲，帮助美国企业开始了长期的生产品质改善和管理变革。一系列荣誉纷至沓来：

- 1983 年，戴明当选美国国家工程院院士。
- 1986 年，入选位于戴顿的科技名人堂。
- 1987 年，时任美国总统里根为戴明颁发了国家科技奖章。
- 1988 年，美国国家科学院为戴明颁发了杰出科学事业奖。

但最令戴明欣慰的是，时隔多年之后，质量管理终于受到了美国企业高管层的充分重视，这是决定质量管理变革能否成功的先决条件。

这个故事和目前我们开展的 OKR 实践何其相似！它同样是美国方法传到了一个东方国度，并在这里广受欢迎。只不过这一次不是在日本，而是在中国。类比戴明当初在日本开展质量管理方法时的预言，我们也可以大胆说一句：只要系统开展，5 年后中国的管理水平就可以超过美国。但前提条件是：管理层要带头践行 OKR，OKR 要系统地去开展，要开展的是真 OKR！

科学研究已经证实：高管层的支持程度越强，管理实践就越成功。[52] OKR 变革要想成功，它必须是一把手工程。对任何怀有雄心壮志去促成真正 OKR 变革的内外部 OKR 教练来说，都应首先去促成企业高管层对 OKR 的充分重视，这是 OKR 得以成功推行的先决条件。如果你无力促成这一局面，你应果断放弃这一尝试。趁早退出一次注定要失败的变革之旅，对企业来说是在帮它们节省金钱，对你来说是在帮你节省宝贵时间。

请把你的时间、你们的时间，贡献在真正促进企业进步的真 OKR 上！

参考文献

［1］ 张一鸣．做 CEO 要避免理性的自负［EB/OL］．（2017-04-27）［2022-06-30］．http://www.woshipm.com/kol/645970.html．

［2］ 飞书 OKR．2021 OKR 实践白皮书［EB/OL］．2021［2022-06-30］．https://okr.feishu.cn/blog/okr-ebook2．

［3］ THOMAS. Intrinsic motivation at work：what really drives employee engagement［M］. San Francisco：Berrett-Koehler Publishers，2009：65．

［4］ FISCHER，MALYCHA，SCHAFMANN. The influence of intrinsic motivation and synergistic extrinsic motivators on creativity and innovation［J］. Frontiers in Psychology，2019（10）：1-15．

［5］ MCGRAW，MCCULLERS. Evidence of a detrimental effect of extrinsic incentives on breaking a mental set［J］. Journal of Experimental Social Psychology，1979（15）：285-294．

［6］ 李想．必将拥抱的智能组织与它的运营范式探索［EB/OL］．（2020-10-08）［2022-06-30］．https://www.163.com/dy/article/FTATTFDG0511DFFC.html．

［7］ 字节跳动．理想汽车张辉：用不好 OKR，是企业的问题［EB/OL］．2021［2022-06-30］．https://zuzhijinhualun.fireside.fm/1．

［8］ 李想．没有 OKR 可能公司就不在了［EB/OL］．（2022-03-04）［2022-06-30］．https://m.huxiu.com/moment/202721.html?f=app_24h_ios_friends．

［9］ 何留留．OKR 工作法：组织目标管理的神器［ED/OL］．［2022-06-30］．https://learn.liangliaglee.com/ 专栏 /OKR 组织敏捷目标和绩效管理 - 完 /00 OKR 工作法：组织目标管理的神器.md．

［10］ 欧文．哥伦布与大航海时代［M］．北京：中国友谊出版公司，2020：88．

［11］ 欧文．哥伦布与大航海时代［M］．北京：中国友谊出版公司，2020：87．

［12］ HAAK. Moving the needle with lean OKRs［M］. New York：Business Expert Press，2021：280．

［13］ 格罗特．小目标怎么定？有三个原则要慎用［J］．哈佛商业评论，2017（2）：19-21．

[14] MUELLER-HANSON, PULAKOS. Transforming performance management to drive performance [M]. New York：Routledge，2018：77.

[15] 范恩，梅里尔. 潜力量：GROW 教练模型帮你激发潜能 [M]. 王明伟，译. 北京：机械工业出版社，2015：32.

[16] 范恩，梅里尔. 潜力量：GROW 教练模型帮你激发潜能 [M]. 王明伟，译. 北京：机械工业出版社，2015：32.

[17] 腾讯. 腾讯公布二零二一年第三季业绩 [EB/OL]. （2021-11-10）[2022-06-30］. https://static.www.tencent.com/uploads/2021/11/10/d89fcf7a69f0dea47aff543fbe030e4d.pdf.

[18] 克利尔. 掌控习惯：如何养成好习惯并戒除坏习惯 [M]. 迩东晨，译. 北京：北京联合出版公司，2019：270.

[19] 克利尔. 掌控习惯：如何养成好习惯并戒除坏习惯 [M]. 迩东晨，译. 北京：北京联合出版公司，2019：198.

[20] BERRIDGE, ROBINSON. Parsing reward [J]. Trends in Neurosciences, 2003, 26（11）：507-513.

[21] 克鲁贝克. 量化：大数据时代的企业管理 [M]. 吴海星，译. 北京：人民邮电出版社，2013：1-4.

[22] CROWN, ROSSE. Yours, mine, and ours：facilitating group productivity through the integration of individual and group goals [J]. Organizational Behavior and Human Decision Process, 1995, 64（2）：138-150.

[23] KLEINGELD, MIERLO, ARENDS. The effect of goal setting on group performance：ameta-analysis [J]. Journal of Applied Psychology, 2011, 96（6）：1289-1304.

[24] 斯坦菲尔德. 学问 ORID：100 种提问力创造 200 倍企业力 [M]. 钟琮贸，译. 北京：电子工业出版社，2019：7.

[25] 谭志远. 团队游戏：创建高效团队的 110 种游戏 [M]. 北京：中华工商联合出版社，2005：129-130.

[26] SNOWDEN. CYNEFIN：weaving sense-making into the fabric of our world [M]. Singapore：Cognitive Edge Pte Ltd, 2021：502.

[27] 刘峰. 消息称字节跳动撤销"人才发展中心"，精简 HR 部门 [EB/OL]. （2021-12-15）[2022-06-30］. https://www.dsb.cn/169838.html.

[28] 马奎特，杨. 行动学习应用：全球最佳实践精粹 [M]. 王云，王金帅，王培杰，译. 北京：机械工业出版社，2014：17.

[29] 马奎特，杨. 行动学习应用：全球最佳实践精粹 [M]. 王云，王金帅，王培杰，译. 北京：机械工业出版社，2014：50.

[30] 瑞文斯. 行动学习的本质 [M]. 郝君帅，赵文中，沈强铭，译. 北京：机械

工业出版社，2016：3.

[31] 田志刚. 卓越密码：如何成为专家[M]. 北京：电子工业出版社，2018：159.

[32] Government U S. How to conduct an after action review[M]. Independently published，2020：9.

[33] PHILLIPS. ASTD handbook for measuring and evaluating training[M]. Danvers：STD Press，2010：496.

[34] GRABAN. Measures of success：react less,lead better,improve more[M]. Colleyville：Constancy, Inc.，2019：43.

[35] WHEELER，CHAMBERS. Understanding statistical process control[M]. Tennessee：SPC Press，1992：61.

[36] BRYANT. Google's quest to build a better boss[EB/OL].（2011-03-13）[2022-06-30] https://www.nytimes.com/2011/03/13/business/13hire.html.

[37] 阿马比尔，克雷默. 激发内驱力：以小小成功点燃工作激情与创造力[M]. 王华，译. 北京：电子工业出版社，2016：56.

[38] 阿马比尔，克雷默. 激发内驱力：以小小成功点燃工作激情与创造力[M]. 王华，译. 北京：电子工业出版社，2016：65.

[39] COLQUITT. Next generation performance management：the triumph of science over myth and superstition[M]. Charlotte：Information Age Publishing，2017：116.

[40] 斯坦菲尔德. 学问ORID：100种提问力创造200倍企业力[M]. 钟琮贸，译. 北京：电子工业出版社．2019：8.

[41] 埃德蒙森. 协同：在知识经济中组织如何学习、创新与竞争[M]. 韩璐，译. 北京：电子工业出版社，2019：95.

[42] 埃德蒙森. 协同：在知识经济中组织如何学习、创新与竞争[M]. 韩璐，译. 北京：电子工业出版社，2019：98.

[43] 科里. 回顾活动引导：24个反模式与重构实践[M]. 万学凡，张慧，译. 北京：清华大学出版社，2021：16-20.

[44] 萨尔，艾森豪特. 给复杂世界的简单规则[EB/OL]. 2012[2022-06-30]. https://www.hbrtaiwan.com/article_content_AR0002108.html.

[45] 尹红心，李伟. 费曼学习法[M]. 南京：江苏凤凰文艺出版社，2021：170.

[46] 索亚，霍格斯. 经验：我们为什么会学到错误的经验以及如何纠正它们[M]. 彭相珍，译. 北京：中国青年出版社，2022：7-13.

[47] 黄金萍. 微信是如何飞起来的[EB/OL].（2012-02-06）[2022-06-30]. http://www.infzm.com/contents/68273.

[48] LEDFORD. Performance feedback culture drives business impact[EB/OL]. (2018-06-21)[2022-06-30]. https://www.i4cp.com/productivity-blog/performance-

feedback-culture-drives-business-impact.
[49] PULAKOS, BATTISTA. Performance management transformation: lessons learned and next steps [M]. New York: Oxford University Press, 2020: 203.
[50] 佐藤将之. 贝佐斯如何开会 [M]. 张含笑, 译. 北京: 万卷出版公司, 2021: 25.
[51] WHEELER, CHAMBERS. Understanding statistical process control [M]. Tennessee: SPC Press, 1992: 406.
[52] RODGERS, ROBERT, HUNTER, et al. Influence of top management commitment on management program success [J]. Journal of Applied Psychology, 1993, 78(1): 151-155.